大学4年間の哲学が10時間でざっと学べる

専修大学文学部
哲学科 教授 **貫 成人**

はじめに

「哲学」というと、こむずかしくて、なにを言っているのかわからないものだと思われるかもしれません。

たしかに、哲学がとっつきやすくないのは事実です。

けれども、一度、身につけると、これほど面白くて、楽しく、しかも役に立つものはありません。

この本では、哲学・思想の、ほんとうの核心だけをできるだけわかりやすく、コンパクトに解説します。

日常的な具体例もたくさんでてきます。読んで実感し、腑に落ちていただける書き方を心がけました。

登場する主な哲学者も、とくに重要な50人ほどを厳選しました。

この本では、原則、哲学者ひとり、1ページで、考えの核心を説明します。身のまわりの状況や疑問から、それぞれの核心にいたる道筋がすこしでもよくわかるようつとめました。

各章のはじめには、その章であつかう時代や地域、問題の全体像を説明しました。それぞれの哲学がどのような社会の必要から生まれたかがわかるようにしてあります。

見開きの右ページはすべて図版か表です。本文中の用語や事柄の相関関係がひとめでわかるようにしました。

「ワンポイント解説」には、本文を補完する、事項や用語、歴史状況の解説、また息抜きの逸話などが書いてあります。

各部のはじめにある「押さえておきたい哲学用語」は、哲学で当たり前に使われる基本用語の解説です。本を読んで使われている言

葉がわからないとき、哲学事典をひけばいいのですが、じつは、哲学事典の解説にも哲学用語がふんだんに登場し、それを解読するのがひと苦労です。このコーナーは、哲学事典を読むための辞典です。

　本書末尾の「はじめの一冊」には、それぞれの項についてさらに知りたい人のために、読みやすくて信頼がおけ、しかも安価な参考文献をあげました。

　この本は、興味をひかれた哲学者ごとに飛び飛びに読んでも、最初から、あるいはどこかから通読してもかまいません。

　大学の哲学科には、「哲学史」「概論」「特殊講義」「ゼミナール」などの授業があります。
　本書、第2章から第16章までは「哲学史」にあたります。
　哲学の基本を概説し、あるいは一つひとつの特殊な問題をあつかう第17章から第20章は「概論」「特殊講義」にあたるでしょう。
　「ゼミナール」の学生は、ただ先生の話を聴くだけでなく、自分で哲学書を読み、発表し、議論します。巻末にある「はじめの一冊」を読んでいけば、ゼミナールの準備ができたようなものです。

『大学4年間の哲学が10時間でざっと学べる』目次

はじめに —— 2

Prologue
哲学とはなにか？

ココだけ！
[1] 哲学とはどのような考え方か？ —— 12
▶01 あなたのなかにある哲学 —— 12
▶02 日常のなかにある哲学 —— 14
▶03 それにしても哲学とは —— 16
▶04 哲学はどのように生まれ、育ったのか —— 18
▶05 ワールド・フィロソフィー —— 20

第1部
古代・中世哲学

第1部で押さえておきたい哲学用語 —— 24

ココだけ！
[2]「哲学」のはじまり —— 28
▶01 古代ギリシア —— 28
▶02 ソクラテス以前 森羅万象の大元を問う —— 30
▶03 ソクラテス 知への飢え —— 32
▶04 プラトン だれもが目指すもの「イデア」 —— 34
▶05 アリストテレス イデアから現実へ —— 36

[3] 中世：神学の婢 —— 38
▶01 中世のヨーロッパと哲学 —— 38
▶02 アウグスティヌス 神の意志と人間の意志 —— 40

▶ 03 普遍論争 なぜ普通名詞を使えるのか ── 42

▶ 04 トマス・アクィナス 神の自由と人間の自由 ── 44

▶ 05 オッカムのウィリアム 余計な概念は捨てる ── 46

第2部
近世・近代哲学

第2部で押さえておきたい哲学用語 ── 50

ココ
だけ！

4 自我の芽生え ── 54

▶ 01 近世へ 貧困と疫病 ── 54

▶ 02 デカルト 絶対確実なこと：コギト ── 56

▶ 03 主観／客観図式 証拠がなければあるとは言えない ── 58

▶ 04 心身二元論 心と身体が生き別れ ── 60

▶ 05 パスカル 考える葦 ── 62

5 理性の世紀：合理論と経験論 ── 64

▶ 01 スピノザ 必然を楽しむには ── 64

▶ 02 ライプニッツ 噴水の曲線に宇宙が宿る ── 66

▶ 03 ロック すべての知識は経験から ── 68

▶ 04 ヒューム 極端な懐疑論 ── 70

▶ 05 ルソー 自然に還れ ── 72

ココ
だけ！

6 近代の前段階：カント ── 74

▶ 01 カントのいた時代 ── 74

▶ 02 ひとはなにを知りえないか：これ以上考えても仕方ない ── 76

▶ 03 『純粋理性批判』認識の可能性 なにを知りうるか ── 78

▶ 04 『実践理性批判』なにをするべきか 理性的人格 ── 80

▶ 05 『判断力批判』ひとはなにを望みうるか ── 82

7 近代哲学 —— 84

▶01 近代哲学の流れ —— 84

▶02 フィヒテ やってはじめてわかること —— 86

▶03 シェリング「自然に」「おのずから」—— 88

▶04 ヘーゲル あらゆる対立を解消する方法 —— 90

▶05 ショーペンハウアーとキルケゴール 自我の不安へ —— 92

第3部
現代の哲学

第3部で押さえておきたい哲学用語 —— 96

ココ
だけ！

8 近代の矛盾 —— 98

▶01 近代哲学から現代哲学へ —— 98

▶02 カール・マルクス 人はなぜ働くのか —— 100

▶03 フリードリヒ・ニーチェ すべてを思い切る —— 102

▶04 ジグムント・フロイト 無意識の支配 —— 104

▶05 ベルクソン 生命の跳躍 —— 106

9 20世紀哲学の三潮流 I —— 108

▶01 現象学・実存への問い —— 108

▶02 フッサール 経験の構造 —— 110

▶03 ハイデガー 自分本来のあり方 —— 112

▶04 サルトル 自分のあり方の選択 —— 114

▶05 メルロ＝ポンティ 身体的実存 —— 116

10 20世紀哲学の三潮流 II —— 118

▶01 科学と言語 —— 118

▶02 カルナップ「非科学的」とは？—— 120

▶03 クワイン 科学は実用の道具である —— 122

▶04 ウィトゲンシュタイン 言葉を「使う」とはどういうことか —— 124
▶05 ライル 哲学の難問は言葉の誤用から始まる —— 126

11 20世紀哲学の三潮流 Ⅲ —— 128
▶01 フランス現代思想 —— 128
▶02 ソシュール 言葉は押し合いへし合いしている —— 130
▶03 レヴィ＝ストロース 人間は構造の一項 —— 132
▶04 ラカン 虚焦点としてのわたし —— 134
▶05 ロラン・バルト 記号に取り囲まれた存在 —— 136

12 人間を作る構造 —— 138
▶01 フーコー① 文明に潜む「構造」—— 138
▶02 フーコー②「主体」という虚構 —— 140
▶03 デリダ 西洋哲学を骨抜きにする —— 142
▶04 ドゥルーズ あらゆる桎梏をくぐりぬけること —— 144
▶05 レヴィナス すべてを絶対的他者に与えること —— 146

13 ポスト・モダン —— 148
▶01 リオタール ポスト・モダン —— 148
▶02 フェミニズム —— 150
▶03 J.J. ギブソン アフォーダンス —— 152
▶04 複雑系 秩序の誕生 —— 154
▶05 サイード オリエンタリズム批判 —— 156

第4部
東洋哲学

14 東洋の知恵 Ⅰ —— 160
▶01 インドとイスラーム —— 160

- ▶02 ウパニシャッド 宇宙との合一 —— 162
- ▶03 仏陀 人生という苦からの脱出 —— 164
- ▶04 小乗と大乗 自家用車とバス —— 166
- ▶05 イスラーム 商人共同体の紐帯 —— 168

15 東洋の知恵 Ⅱ —— 170
- ▶01 中国の哲学 —— 170
- ▶02 孔子 共振による調和 —— 172
- ▶03 老子、荘子 道家／無為自然 —— 174
- ▶04 諸子百家 思想の饗宴 —— 176
- ▶05 朱子学と陽明学 宇宙と人間の原理 —— 178

16 東洋の知恵 Ⅲ —— 180
- ▶01 日本の世界認識 —— 180
- ▶02 仏教 独自の思想へ —— 182
- ▶03 江戸儒学 厳粛主義から個の自由へ —— 184
- ▶04 国学 —— 186
- ▶05 町人、農民の思想 —— 188

第 5 部
哲学のテーマ

第5部で押さえておきたい哲学用語 —— 192

17 哲学の基本問題 Ⅰ —— 194
- ▶01 哲学のテーマを整理する —— 194
- ▶02 存在／根拠 —— 196
- ▶03 真理 —— 198
- ▶04 自由 —— 200
- ▶05 身体の哲学 —— 202

ココだけ!

18 哲学の基本問題 II — 204

- ▶01 善と美 倫理の諸学説 — 204
- ▶02 「なぜ人を殺してはいけないのか」— 206
- ▶03 生命・環境倫理 近代倫理理論の根底を見直す — 208
- ▶04 美 アリストテレス、カント、ヘーゲル — 210
- ▶05 芸術の成立と空洞化 — 212

19 日常を哲学する — 214

- ▶01 パースペクティヴィズム — 214
- ▶02 国民国家 国民としてのアイデンティティ形成 — 216
- ▶03 歴史の哲学 — 218
- ▶04 自分 — 220
- ▶05 生きる意味 — 222

ココだけ!

20 西洋哲学史概観・再び — 224

- ▶01 西洋哲学史をざっと復習 — 224
- ▶02 哲学的思考モデル 問い・時代・モデルの連動 — 226
- ▶03 哲学を理解するとは？ — 228
- ▶04 24時間365日哲学 — 230
- ▶05 いま・ここ・わたしの哲学 — 232

おわりに — 234

主な哲学者プロフィール — 236
さくいん — 242
哲学を学びたい人へ「はじめの一冊」— 249

Prologue

---

10 hours ⊘

---

philosophy

哲学とは
なにか？

10 hours	1
philosophy	

**哲学とは
どのような
考え方か？**

▶ 01
あなたのなかに
ある哲学

　哲学と聞くと、遠い国の、はるか昔の人々の考えのように思える
でしょう。難しい言葉だらけの、分厚く、読みづらい本のなかにし
か哲学はないとすら思われるかもしれません。

　けれども、実はだれもがいつの間にか哲学を身につけ、それにし
たがって考えたり、怒ったり、なにをするか決めたりしています。

　犯罪報道を見たり、だれかから迷惑をこうむったりすれば、「悪
いことをしたのだから謝って、罰を受けるべきだ」と思うでしょう。
だれもが、ひそかに「自分らしさ」「個性」「自己実現」を追求して
いるかもしれません。たしかに「真理はひとつ」ですが、どんな名
探偵も「人を裁くには証拠が必要」です。スポーツの世界ではしば
しば、「柔よく剛を制す」という言い方を目にします。

　こうした考えは、実のところ、どれも、カントやプラトン、デカ
ルト、老子など、昔の、遠い国の哲学者や思想家が考えだしたもの
なのです。

　自分が知らないうちに身につけている哲学は数えきれないほどあ
ります。ところが、それぞれは矛盾しているかもしれず、間違って
いるかもしれません。また、時代遅れかもしれず、自分を縛り付け
ているだけかもしれないのです。

　それをあきらかにするためには、それぞれの考えがどこから来た
のかを知って、自分の考えを整理する必要があります。

　哲学の歴史はそのためにちょうどいい知識の宝庫なのです。

30秒でわかる！ポイント

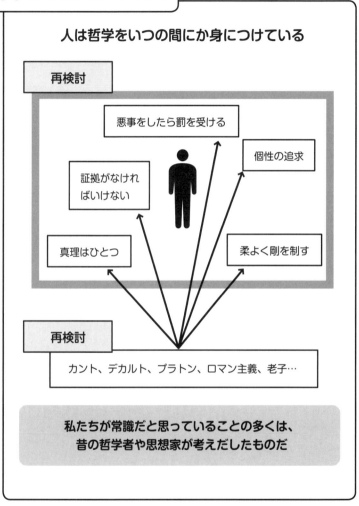

人は哲学をいつの間にか身につけている

再検討

- 悪事をしたら罰を受ける
- 個性の追求
- 証拠がなければいけない
- 真理はひとつ
- 柔よく剛を制す

再検討

カント、デカルト、プラトン、ロマン主義、老子…

私たちが常識だと思っていることの多くは、昔の哲学者や思想家が考えだしたものだ

ワンポイント解説 ▶「哲学」とは？

「哲学（フィロソフィー）」の原語はギリシア語フィロソフィアだ。「フィロ」は愛する・希求すること、「ソフィア」は知を意味する。哲学は「知への愛」である。

10 hours	1
philosophy	

**哲学とは
どのような
考え方か？**

▶ 02

日常のなかに
ある哲学

　ふだん、仕事や勉強、サークル活動など、忙しくしていても、ふと、心配になったり、不安に襲われたりすることはないでしょうか。「一体、自分には生きる意味があるのだろうか」「過去はどこに行ってしまうのだろう」「なぜ人を殺してはいけないのだろう」などといった疑問にとらわれたときです。こうした疑問は、もう立派な哲学の問いです。

　そんなに深刻な疑問というわけでなくても、ちょっと考えてみると実は不思議で、よく考えていくといつの間にか哲学の世界にたどりつくような事柄もあります。

　たとえば、ふだん、スポーツ中継を見なくても、サッカー日本代表戦やオリンピックになると急に熱狂する人がいます。「日の丸を背負っているから」という言い方をよく耳にしますが、なぜ日の丸を背負うとテンションが変わるのでしょう。

　自分の部屋は掃除しないのに、出かける前になると入念に身支度をして最先端のファッションを身につけて出かける人がいます。なぜファッションがそんなに気になるのでしょう。

　あるいはまた、「凶悪犯罪増加」などを理由に、「日本人の劣化」を叫ぶ人がいます。なぜそんなことを言いたくなるのでしょう。

　ふだんは気にもかけないことも、ちょっと考えると不思議なことだらけです。そして、哲学を使うと、こうした些細な事柄に潜む意外な仕組みが見えてくるのです。

30秒でわかる！ポイント

個々の疑問と哲学の関係

- 生きる意味はあるのだろうか
- なぜ人を殺してはいけないのか
- ファッション
- 日の丸
- オリンピック
- 過去はどこに行ってしまうのだろう
- 「日本人の劣化」

↓

哲学

ふだんは気にかけていないような日常の些細なことも哲学を通してみれば意外な仕組みに気づく

ワンポイント解説 ▶ 日本語の「哲学」

「哲学」は明治期、西周が、知恵の意の「哲」と、求めるという意の「希」から作った「希哲学」という語がはじめ。やがて「希」が落ちて「哲学」となった。

10 hours	1
philosophy	

**哲学とは
どのような
考え方か？**

▶ 03

それにしても
哲学とは

　大学入試案内を見ると世の中には実にさまざまな学問があることがわかります。法学や経済学、歴史学、地理学、心理学、天文学、数学、物理学などです。それぞれ、どういう学問かは、名前を見れば見当がつくでしょう。心理学は心の働きを、物理学は物体の法則を、経済学は経済活動を、それぞれ研究する学問と思われます。それぞれの研究対象が名前についているはずなのですから。

　ところが哲学の場合、そうはいきません。「哲」というものはどこにもないのです。

　古代ギリシアの「**フィロソフィア**」は学問そのものでした。アリストテレス全集には物理や心理、歴史の研究が入っています。それぞれの部門が学問として独立し、残ったのが現在の哲学です。

　ではなにが残ったのでしょう。

　ここで、ふだんの生活を考えてみましょう。買い物をすれば経済現象が、消費税を払えば税金に関する法律が、道を歩けば地形や重力、あたりを照らしてくれる太陽光、また自分の身体の仕組みが関わってきます。腹が立つのは心理現象です。ふだんの暮らしを見ただけでも、自分が住む世界はさまざまな学問があつかう対象のすべてからできており、すべてが関わってくるのが自分という存在であることがわかります。

　とすればその全体がどうなっているのか、それが自分にどのような意味をもつか知りたくなります。世界の全体とそのなかでの自分の位置を明らかにするのは、哲学だけができる仕事なのです。

30秒でわかる！ポイント

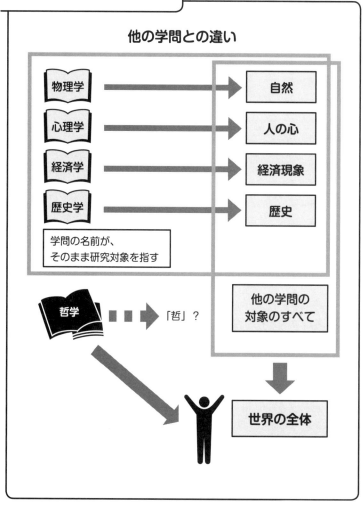

ワンポイント解説 ▶ 全体を把握する工夫

世界の全体と、言うのは簡単だが、実際に把握するのはほぼ無理である。それをあつかうために、さまざまな工夫がこらされたのが哲学の歴史とも言える。

10 hours	1
philosophy	

哲学とは
どのような
考え方か？

▶ 04

哲学は
どのように生まれ、
育ったのか

　哲学はとりあえず、主に欧米で展開した知的活動と言えます。

　今から約2500年前、紀元前4世紀頃、東地中海の都市国家（ポリス）であるアテナイ（アテネ）にソクラテスやプラトン、アリストテレスという古代ギリシア哲学ビッグスリーがあらわれました。「**哲学**」という言葉をはじめて使ったのがこの人たちです。

　キリスト教がヨーロッパを支配した中世になると（5〜15世紀）、哲学は「**神学の婢**」となりました。キリスト教の教義を確立しようとしたアウグスティヌス、中世哲学の頂点となったトマス・アクィナス、オッカムのウィリアムなどがなかでも重要です。

　ルネサンスを経て近世になると、デカルトが登場して西洋近世・近代哲学の枠組みを作りました。それをもとにスピノザ、ライプニッツらの大陸**合理論**、ロック、ヒュームなどイギリス**経験論**が対立し、それを調停したのがカントです。19世紀にはカントを批判するフィヒテ、シェリング、ヘーゲルなどの**ドイツ観念論**が近代哲学の頂点を極めました。

　19世紀後半になると、ヘーゲルを批判するキルケゴールやショーペンハウアー、また、それまでの哲学そのものを転覆するマルクス、フロイト、ニーチェが登場します。

　20世紀には、フッサールらの**現象学**、ウィトゲンシュタインらの英米**言語分析哲学**、レヴィ＝ストロースらの**構造主義**ならびに、フーコーなど**ポスト構造主義**が登場しました。

30秒でわかる! ポイント

哲学史の概観

前4世紀	古代：ソクラテス、プラトン、アリストテレス
6〜12世紀	中世哲学：神学の婢。アウグスティヌス、トマス・アクィナス、オッカムのウィリアム
14〜18世紀	ルネサンス〜近世：デカルト ↓　　　　↓ 大陸合理論　　イギリス経験論 パスカル　　　ロック スピノザ ライプニッツ　ヒューム ↓　　　↓ カント
19世紀前半	近代：フィヒテ、シェリング、ヘーゲル
19世紀後半	キルケゴール、ショーペンハウアー マルクス、フロイト、ニーチェ
20世紀	現象学（フッサールなど）、言語分析哲学（ウィトゲンシュタインなど）、構造主義（レヴィ＝ストロースなど）、ポスト構造主義（フーコーなど）

ワンポイント解説 ▶ 哲学史の誕生

各哲学はその場の事情から生まれたが、それを時系列に並べ、先の者と後の者の影響・批判・克服という論理で編集したのが哲学史である。最初はアリストテレスが作った。

10 hours	1
philosophy	

**哲学とは
どのような
考え方か？**

▶ 05

ワールド・
フィロソフィー

　たしかに「哲学」という言葉はヨーロッパで生まれましたが、それに相当する知的活動は地球上、いたるところにありました。

　古代ギリシア哲学が登場するはるか前、ペルシアに**ゾロアスター教**がおこってキリスト教に影響を与えます。すぐ後、インドには**ウパニシャッド**や**仏教**が、中国には**儒教**など**諸子百家**が登場しました。

　日本では7世紀に『**古事記**』が編まれましたが、そこに「**神道**」の思想がうかがわれます。飛鳥時代に紹介された仏教は、国家の支柱となり、鎌倉時代になると**大乗仏教**をもとに、わが国独自の**鎌倉新仏教**が生まれました。**朱子学**は江戸幕府に採用されましたが、日本独自の思想の刺激ともなりました。

　近代以降のヨーロッパ人は、自分たちと古代ギリシアとの継続性を強調しがちですが、古代ギリシア人と、「蛮族」ゲルマン人の子孫であるヨーロッパ人とは無関係です。

　古代ギリシアの代表的哲学者であるアリストテレスの写本も、はじめはイスラーム世界に継承され、それがヨーロッパに本格的に紹介されたのは12世紀のことでした。朱子学は、厳密な体系を誇る仏教の脅威に対抗するために生まれましたが、仏教と朱子学は17世紀のヨーロッパにとって脅威でした。

　19世紀以降、欧米が全世界に覇権をおよぼしたため、西洋「哲学」が世界標準となりましたが、脱植民地化が進む20世紀後半以降、各地固有の文化を尊重する「ワールド・フィロソフィー」が課題とならざるをえないでしょう。

30秒でわかる！ポイント

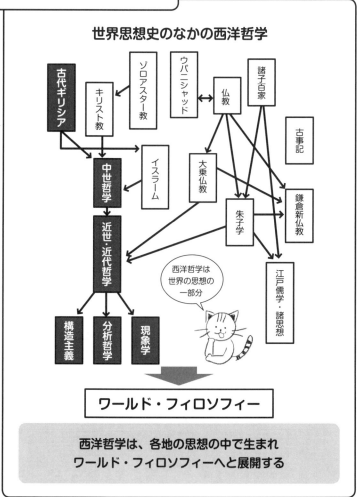

**西洋哲学は、各地の思想の中で生まれ
ワールド・フィロソフィーへと展開する**

ワンポイント解説 ▶ ニーチェ『ツァラトゥストラはかく語りき』

ゾロアスターのドイツ語読みがツァラトゥストラ、ニーチェの主著の主人公だ。ニーチェはキリスト教を転覆するために、より古い預言者を利用したことになる。

第 1 部

10 hours ✓

philosophy

古代・中世
哲学

第1部で
押さえておきたい
哲学用語

「存在」

「未知の惑星がある」を「未知の惑星が存在する」と言うが、なにかが「あること」が「存在」。「ないこと」「無」の反対。流動的な状態とは逆に、動かず固定された状態。キリスト教の神と重ね合わされて、「存在するあらゆる者」（「存在者」）の大元と理解される。

「知者」

アテナイには民主制的システムがあったため、他人を説得する技術（「弁論術」）などを教えて報酬をえる人々がいた。これを知者（ソフィスト）とよぶ。「人間は万物の尺度である」としたプロタゴラスなど。

「普遍的」

いつでも・どこでも・だれにでも・なんにとってもあてはまること。「三角形は三つの頂点をもつ」は普遍的だ。普遍的な定義、本質のことを「普遍」とよぶ。

「本質」

日本語で「本質」と言うと、なにかの核心や奥義のことだが、哲学では異なる。直角三角形や正三角形、倒立の三角形、紙にかいた三角形、パソコン画面にある三角形など、無限の三角形があるが、「三つの頂点をもつ図形」は、すべての三角形の特性であり、この特性をもたなければ三角形ではない。このような特性を、哲学では「本質」とよぶ。

「偶有性」

三角形のなかには正三角形や紙にかいた三角形、赤い三角形などがあるが、「3辺が等しい」「紙にかいてある」「赤い」など、特定の三角形がたまたま有する特性を「偶有性」とよぶ。あるモノの、本質以外の特性。

「理性」

日本語で「理性」と言うと、「酒を飲み過ぎて理性を失った」など、自分を制御する能力を意味するが、古代ギリシアでは、宇宙と人間などすべてを包みこむ全体の原理（理法）、また、それをとらえる知的能力、それを表現する言語を意味した。近代以降、人間の最高位の知的能力とされ、知性が個物に直接関わるのに対して、知性がしたがう、論理や数学、自然、道徳などの諸規則の全体を統括し、調整する能力を指す。

「概念」

ハチ公、プルート、スヌーピーなどは、すべておなじ概念に属しており、その概念は、日本語で「イヌ」、英語で「dog」、仏語で「chien」とよばれる。「哺乳動物」という、それより大きな概念（上位概念）に、「鼻が鋭く、古来、人間の友とされた」という、ゾウやライオンなど、他の種との差異（「種差」）を加えることによって、イヌの概念は定義可能である。

「決定論」

自由意志を否定する議論。宇宙のあらゆる出来事、人間のあらゆる行為・意志は、全知全能の神によって決められているという神学的決定論、人間の脳の働きをも含めたすべては自然法則にしたがい、すべては自然法則に決定されているという物理学的決定論などがある。

「観念」

ある言葉を聞いたとき頭に思い浮かぶものが、そのものの「観念」。「トウキョウエキ」と聞いて思い浮かぶ、赤レンガの建物のイメージ、路線図、「東京駅」という文字・記号など、どれも観念だ。

「知覚」

視覚・聴覚・触覚・味覚・嗅覚などの感覚によって、対象を見たり、聞いたりすること。たとえば、とつぜん、背中に鋭い痛みを感じたとき、蜂に刺されたのか、だれかのいたずらかわからないように、痛覚という感覚はその原因となった対象と、かならずしも結びつかないが、知覚は対象に関わる。

「キリスト教」

イエズス・キリストによる人類の救済を信仰する宗教。『旧約聖書』『新約聖書』を聖典とする。神が天地、ならびに、天地の支配者としてアダムとイブを創造したが、神が唯一禁じた、智恵の実を食べたため、神に対する最初の罪（「原罪」）を負い、楽園を追放された、とされる。原罪は、二人の子孫である全人類におよび、その救済はイエズスによってのみ可能というのが、その教義。

「スコラ哲学」

ラテン語スコラは、英語のスクールと同根。中世の修道院、教会、付属学校などでおこなわれた理論的研究。『聖書』などの記述に見られる諸問題を、論理的議論によって解決し、諸記述間の矛盾を解消する哲学的研究を指す。

10 hours philosophy 2

「哲学」の
はじまり

▶ 01
古代ギリシア

　紀元前5世紀までの東地中海地域はエジプトやメソポタミア、ペルシアなどの先進文明が拮抗し、多様な宗教や神話、文化のるつぼでした。その辺境に位置し、遅れて発展したのがギリシアです。

　ギリシア地域に統一国家は生まれず、アテナイやコリント、スパルタ、テーバイなど小規模都市国家（ポリス）の乱立状態が続きます。ギリシア都市同盟を率いてペルシア戦争に勝利したアテナイでは、兵力の中心となった平民の発言力が向上し、議論によって政策を決める直接民主制的システムが誕生しました。その結果、弁論術などを教えるお雇い外国人教師「知者（**ソフィスト**）」が活躍するようになります。

　スパルタとのペロポネソス戦争に敗れたアテナイでは、一時、少数指導制の政治を目指す三十人政権が発足しましたが、その前後、反ソフィストの立場をとるソクラテス、その弟子であるプラトン、さらにその弟子であるアリストテレスが登場します。

　やがて台頭した北方の新興国マケドニアは、カイロネイア戦役でギリシアを破り、世界帝国を作りました。ヘレニズム時代です。マケドニア出身のアリストテレスはアレクサンドロス大王の家庭教師でもありました。

　ソクラテスやプラトンはポリスへの愛を隠そうとしませんでしたが、ポリスの地位や力が低下したヘレニズム期には、特定の共同体への帰属を否定し、世界市民（コスモポリタン）であることを誇る**コスモポリタニズム**が主流となります。

30秒でわかる！ポイント

紀元前の東地中海地域とその歴史

前6世紀	タレス、ヘラクレイトスなど。小アジアなど
前499	ペルシア戦争
前469頃	ソクラテス生（〜前399、70歳）
前431〜前404	ペロポネソス戦争
前427	プラトン生（〜前347、80歳）
前404〜前401	三十人政権
前399	ソクラテス裁判
前384	アリストテレス生（〜前322、62歳）
前338	カイロネイア戦役

当時のギリシアには統一国家はなくポリスが乱立していた

ワンポイント解説 ▶ じつは奴隷社会のアテナイ

アテナイは民主主義発祥の地と言われるが、じつは、市民2万人、奴隷6万人の奴隷社会だった。のちのローマも同様である。

10 hours
philosophy **2**

**「哲学」の
はじまり**

▶ 02
ソクラテス以前
森羅万象の
大元を問う

　天地万物はなにからできているのでしょう。万物の大元はなんなのでしょう。いまなら子どもでも、宇宙や物体の構成要素は分子や原子だと答えます。しかし、当時、そんなことは誰も知りません。『古事記』に登場するイザナギ・イザナミは、海をかき混ぜてこぼれたしずくで日本列島を作ったと言われます。古代バビロニアなどには、世界の大元を水とする神話がありました。

　紀元前6世紀、タレスは「水」が万物のもとだと主張しました。ところがそれでは水以外の、火や土、風がどうしてできるかわかりません。そこで、アナクシマンドロスは、地水火風、いわゆる「**四元素**」のどれにでもなる、iPS細胞のような「**アペイロン**」という元素を唱え、ピタゴラスは変化も不変化も生み出す「数」、デモクリトスは、「これ以上分割できないもの」である「**原子（アトム）**」を究極単位としました。また、すべては絶え間なく変化する（「**万物流転**」）と主張したヘラクレイトス、逆に、運動や変化を否定し、不動の「**存在**」を根源原理としたパルメニデスなど、全体のあり方を重視した者もいます。「アキレスと亀」などのゼノンの**パラドックス**は、パルメニデスの主張を支持するための議論でした。

　いずれにしても、万物は、おのずと「それがいまあるさま（然）」になるもの、すなわち「**自然**」と考えられました。人間もそこに含まれます。

　なお、現代物理学の基本である「原子」の発想はデモクリトスに由来します。

30秒でわかる！ポイント

ソクラテス以前

【究極の物質】

タレス＝「水」
アナクシメネス＝「息」
エンペドクレス＝「地水火風」

【万物のあり方】

ヘラクレイトス＝「変化」
パルメニデス＝「存在」

【万物を生成可能な大元】

アナクシマンドロス＝「アペイロン」
ピタゴラス＝「数」
アナクサゴラス＝「理性」
デモクリトス＝「原子」

過去の思弁が現代科学のヒントになった

自然：人間をも含み、おのずと自分を生成する万物の全体

ワンポイント解説 ▶ ゼノンのパラドックス

いま亀がいるところにアキレスが着いても亀はもう先に行っているからアキレスは亀に永久に追いつけないというのが、ゼノンの「アキレスと亀」だ。

10 hours
philosophy **2**

**「哲学」の
はじまり**

▶ 03

ソクラテス
知への飢え

　外国人に「"わび・さび"とはなにか」と聞かれたらどう答える
でしょう。とりあえず、"わび・さび"の典型例である「竜安寺」、
また「芭蕉」「楽茶碗」などといった例を挙げてみるかもしれません。
しかし、「なぜそれが"わび・さび"なのか、"わび・さび"とはそ
もそもどのようなことか」と突っ込まれるかもしれません。「枯れ
たもの、古びたものが"わび・さび"だ」と付け加えても、枯れた
もの・古びたもののすべてが"わび・さび"であるというわけでは
ありません。"わび・さび"を過不足なく説明、**定義**するのはなか
なかたいへんです。隔靴掻痒のもどかしさがつのるばかりです。

　ソクラテスがやっていたのは、アテナイ市民のもどかしさ、隔靴
掻痒感を煽ることでした。路上で誰彼かまわずつかまえては「勇気
とはなにか」「なにかを知っているとはどういうことか」とソクラ
テスは質問します。「知っている」についてなら、「信じている内容
が正しいこと」などと、相手は答えるかもしれません。しかし、下
駄を投げて「明日は晴れ」と信じこみ、翌日、それが当たっても、
「翌日の天気を知っていた」とは言えません。その都度、こんな反
論をソクラテスにされた相手の隔靴掻痒感はつのるばかりです。

　こうして相手は自分が知ったかぶりをしていたこと、実は無知で
あることに気づきます（**「無知の知」**）。それに気づけば、本当の答え
を知りたくなります。それが、知への渇望、あるいは**「知への愛」**、
すなわち**「哲学」**です。知の追求は、身体を鍛えることに似た、魂
の鍛錬なのです（**「魂への配慮」**）。

30秒でわかる！ポイント

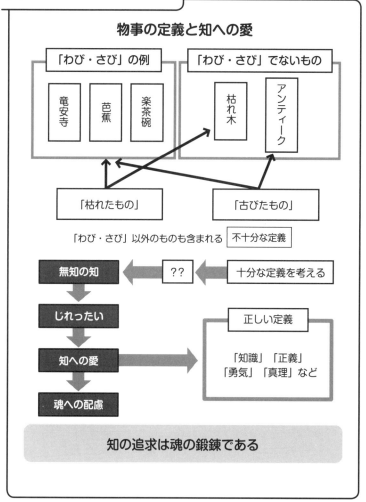

ワンポイント解説 ▶ ソクラテスの動機

ソクラテスのこうした活動のきっかけは、ある神殿の神託だった。人間は神の知をもてず、無知だが、そのことを知り、知への愛がもてる点において動物とは異なる。

10 hours
philosophy 2

「哲学」の
はじまり

▶ 04

プラトン
だれもが目指すもの
「イデア」

運動部には練習意欲のある者も、さぼりたがる者もいます。キャプテンにとっては苦労のしどころです。ふと、「皆が同じ目標をもてば強くなるのに」という思いがよぎるかもしれません。

だれもがひとしく目指す理想をプラトンは「**イデア**」とよびました。英語の「アイディア」や「理想（ideal）」にあたるギリシア語です。理想のバッター、理想の医師など、なんにでも理想、クリアすべき基準があります。理想の人間という言い方もできるでしょう。壺職人が壺を作るときには、まず、どんな壺にするかイメージを固めます。この世を作った**造物主**が人間を作ったときも、人間がどうあるべきかのプラン、モデルがあった、と考えられます。こうした諸物の理想、基準、プラン、モデルがイデアなのです。

ところで、どんな人も、自分にとって少しでもましな状態を目指すものです。人に限らず、すべてが「よりよい」状態を目指しているのだから、結局、すべてにとっての理想は「**善のイデア**」であることになります。

バッターや医師、人間は眺めたり、触ったりできます。しかし、人間のイデアや善のイデアは見たり触れたりできず、地球上のどこかに行けば見つかるわけでもありません。

しかし、イデアは間違いなく存在します。現実世界に存在しないなら、別世界に存在するしかありません。そのような、イデアが存在する別世界のことをプラトンは**イデア界**とよび、現実のこの世と区別しました。

30秒でわかる! ポイント

「イデア界」と「現実界」

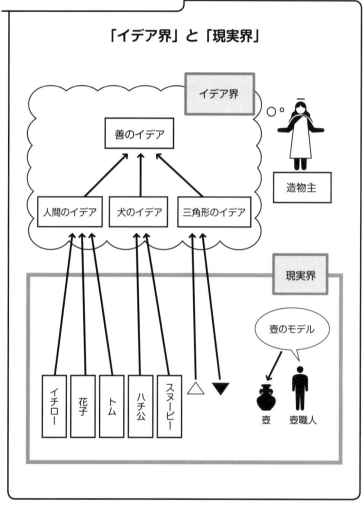

ワンポイント解説 ▶ プラトン「哲人王」

プラトンは、国家が本当に目指すべき事を知る哲学者が政治指導者にふさわしいと考えた（「**哲人王**」）が、それは意志決定の遅い民主制に絶望したためだった。

10 hours	2
philosophy	
「哲学」の	
はじまり	

▶ 05

アリストテレス イデアから現実へ

　同じ人間と言っても、各人各様、みな違います。だれもが同じイデアをモデルとしているなら、個々人の違いはどうして生まれるのでしょう。こうした疑問を考えるとき、アリストテレスがヒントになります。

　だれもがいまの自分になるためには四つの要因が必要だったとアリストテレスは考えました。生まれたての乳児は、やがて人間になるようプログラミングされています。これを「**目的因**」と言います。その後、栄養分をとり、筋肉や骨格ができていきます。こうした人間の、いわば材質・材料が「**質料因**」です。極端に言えば、「親はなくても子は育つ」わけですが、それは各人が備える成長する力、「**作用因**」のおかげです。成長しきった姿はほかの人々と、基本的に変わらず、だれもが同じ人間としての特性、「**形相因**」をもっています。人間に限らず動植物などすべてがこのような四つの要因からなるという考えを「**四原因説**」とよびます。

　乳児は、人間としては完成されてはいませんが、やがて人間になりうる「**可能的状態**（ディナミス）」にあり、成長した後、目的因が実現された「**現実的状態**（エネルゲイア）」にいたります。

　なにものかが存在するための要因は、すべて各個体のなかにあるとするこの考えは、タレス以来のギリシア的な「**自然**」のとらえ方に即したものと言えます。それは、プラトンのような理想に走らない、感覚的に知覚可能な現実に目を向けた哲学でした。

30秒でわかる！ポイント

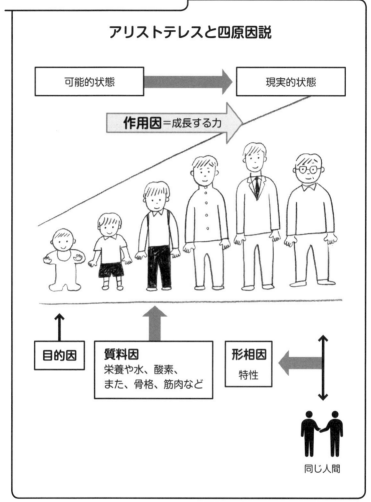

ワンポイント解説 ▶ 四原因説と天動説

有機物をモデルにした四原因説は無機物には不向きだった。天体運動や物体落下も、太陽や大地への憧れによるものとされる。プトレマイオス天動説の元にもなった。

10 hours	
philosophy	**3**

中世：
神学の婢

▶ 01

中世の
ヨーロッパと哲学

　蛮族ゲルマン人によって西ローマ帝国が滅びた476年から、東ローマ帝国の首都コンスタンティノープルがイスラーム勢力の手に渡った1453年までの1000年間がヨーロッパ中世とされます。

　すでに392年、テオドシウス帝によってローマ帝国国教となっていた**キリスト教**はローマ領内やゲルマン蛮族に浸透し、中世にはローマ法王を頂点とした教会組織が社会秩序の中心となりました。

　とはいえ、中世はじめの500年間は蛮族の侵入、また、7世紀以降はイスラーム勢の圧力にさらされ、次の300年は十字軍遠征（1096～1272）、ならびに教皇と世俗王権の争いが続きます。最後の100年は**ルネサンス**（14～16世紀）の時期に入りますが、英仏の百年戦争（1337～1453）など、戦争は絶えませんでした。

　社会は「祈る人、闘う人、耕す人」（聖職者、戦士、農民）からなり、文明衰退のため、ローマ帝国で高度に発達した彫刻や農業その他の技術は完全に失われます。

　なかには不合理なものも含まれるキリスト教の教義を正当化し、あるいは、聖書の多様な解釈から生まれる宗派同士の抗争のために用いられた理屈が、「**神学の婢**」とよばれる中世哲学でした。

　その営みは、最後の古代哲学者アウグスティヌスにはじまり、**普遍論争**にいたります。ヨーロッパではほとんど知られていなかったアリストテレスのテキストが12世紀、イスラーム世界から流入すると、トマス・アクィナスらによって**スコラ哲学**が最盛期を迎え、やがて、オッカムのウィリアムなど後期中世哲学にいたりました。

30秒でわかる! ポイント

中世の歴史と哲学

	中世ヨーロッパ	日本
354	アウグスティヌス生	3〜7世紀 古墳時代
476	ゲルマン族侵入。西ローマ帝国滅亡	
7世紀	ウマイヤ朝、イベリア半島含む最大版図	6〜8世紀 飛鳥時代 712『古事記』
1096〜	十字軍（〜1272）	794〜 平安時代
1033	アンセルムス（〜1109）	1008頃『源氏物語』
12世紀	アリストテレス イスラーム圏より流入	
	トマス・アクィナス スコラ哲学盛期	1185〜 鎌倉時代：鎌倉新仏教、『方丈記』
13〜14世紀	ドゥンス・スコトゥス、オッカムなど後期中世哲学	1336〜 室町時代：『徒然草』
14〜16世紀	ルネサンス	14〜15世紀 世阿弥
1453	コンスタンティノープル、トルコ領に。中世終焉	1467〜 戦国時代
1492	コロンブス、「新大陸発見」コルドバ陥落	1573〜 安土桃山時代

3

中世：神学の婢

ワンポイント解説 ▶ 中世哲学者の恋愛

暗黒イメージの中世だが、スコラ哲学の基礎を築いた哲学者アベラールと、20歳以上年下の弟子エロイーズの恋愛は耳目を集め、二人の往復書簡はいまでも読まれている。

39

10 hours	**3**
philosophy	

中世：
神学の婢

▶ 02

アウグスティヌス
神の意志と
人間の意志

かりに**神**がいたとします。キリスト教の神は全知全能で、完全な存在です。ところが、もしそれが正しいなら、どうしてこの世に**悪**があるのでしょう。神が完全なら、悪をなくすこともできるはずです。それとも神はやっぱりいないのでしょうか。その問いに答えたのがアウグスティヌスでした。

キリスト教によれば、すべては神の**天地創造**からはじまります。そのとき、最初の人間アダムとイブも「神の似姿」として作られました。ところが二人は禁断の「智恵の実」を勝手に食べて神の怒りを買い、楽園を追放されてしまいます。神を裏切るという最大の罪を犯した二人は、**原罪**の刻印を押され、原罪は二人の子孫である全人類におよぶとされます。各自を原罪から救ってくれるのはイエズス・キリストだけです。だからキリスト教を信じなさい、というのがキリスト教の考え方です。

原罪という悪は、アダムとイブの意志が誤作動したため生まれました。二人は自分の意志で禁を破ったからです。悪の起源を人間の意志に求めるアウグスティヌスの立場を「**主意主義**」とよびます。

滅亡に向かうローマに生きたアウグスティヌスは、人類史を、最後の審判に再臨するキリストによって原罪を負った人間が救済される過程とし、地上ではなく「**神の国**」に救いを求めました。

しかし神はどこにいるのでしょう。人間は神の似姿でした。すなわち神は自分のなかにもいます。そこで、神に近づくためには「あなた自身の内に帰りなさい」とアウグスティヌスは言うのでした。

30秒でわかる！ポイント

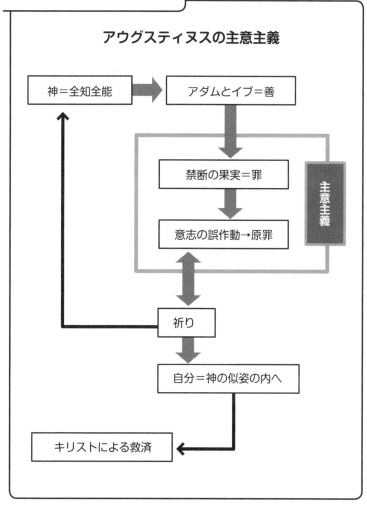

ワンポイント解説 ▶ アウグスティヌスの数奇な人生

北アフリカ生、もとマニ教徒で、同棲相手との間には子どももいた。アフリカ第二の都市ヒッポの司教。ゲルマン人によるローマ侵攻を目の当たりにしながら死去。

10 hours	3
philosophy	

中世：
神学の婢

▶ 03

普遍論争
なぜ普通名詞を
使えるのか

イチローや太郎や花子は、生まれたとき「イチロー」「太郎」「花子」と名づけられ、その名でよばれます。けれども、その三人を含む全人類がひとしく「人間」という普通名詞でよばれるのはどうしてでしょう。全人類を一人ひとり「人間」と命名していくなど、不可能です。

この問題は中世のキリスト教徒にとって、信仰の根拠に関わる大問題でした。アダムとイブの**原罪**が全人類におよぶのは、全員が「人間」という同じ名でよばれるからです。しかし、「人間」という言葉は、どうして普遍的に、つまり全人類にあてはまるのでしょう。

この問題を巡って三つの立場が登場し、それは**普遍論争**とよばれました。

ひとつは、だれもが人間とよばれるのに必要な性質を備えており、「人間」という**本質・概念**は、すべての人間のなかに現実に内在するという立場です。「普遍は個物のなか」にあるというアンセルムスらのこの立場は「**概念実在論**」とよばれました。

二つ目は、わたしたちが「ニンゲン」という名前を現に各人にあてはめているにすぎない、とするロスケリヌスらの立場です。「普遍は個物のあと」にくるというこの立場は「**唯名論**」とよばれます。

三つ目は、神がアダムを作ったとき、神の頭のなかには「自分の似姿」という「人間」についてのプランがあり、だから「人間」は全人類にあてはまるという、アベラールの立場です。「普遍は個物の前」にあったというこの立場は「**概念論**」とよばれます。

30秒でわかる！ポイント

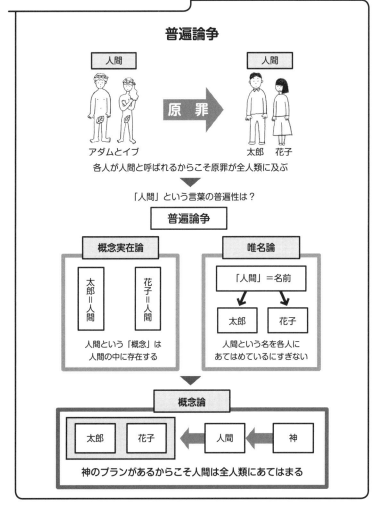

ワンポイント解説 ▶「人間」の本質とは？

人間の本質は規定困難だ。プラトンは「二本足で無毛の動物」としたが、皮肉屋の哲学者ディオゲネスは羽根をむしった鶏を指して「これが人間か？」と言った。

10 hours	3
philosophy	

中世：
神学の婢

▶ 04

トマス・アクィナス 神の自由と 人間の自由

「神」とはどんな存在なのでしょう。そもそも存在するのでしょうか。この二つの難問をトマス・アクィナスは一気に解決します。

トマスは「**本質**」と「**存在**」の区別に注目しました。富士山は「日本一高い山」という本質をもち、現に存在します。ペガサスは「翼ある馬」という本質をもちますが、どこにも存在しません。

ところで、神については、その本質を規定することが許されません。「神は完全な存在だ」と言うのも、本当はいけないのです。そう言ってしまうと、神が不完全になる自由が奪われてしまいます。三船敏郎について「男のなかの男」という謳い文句ができると、もうオネエっぽくできなくなってしまいますが、それと同じです。

実は、『旧約聖書』で神は「**在りて在るもの**」、つまり、ひとえに存在することだけをその本質とする存在とされていました。神の本質と存在は区別されません。存在することが本質なら、神は必ず存在することになります。上の二つの問題は一度に解決できました。

存在する、という以上の規定はないので、逆に、神はなんにでもなれる**自由**があります。なにをやっても自由で制約はありません。神がつくる世界にも制約はなく、人間にも制約はなく自由です。かりに神がいても人間は自由だというこの帰結は、神学的**決定論**に対する強力な反論です。

神という現実離れした仮説でも、それについて徹底的に考えたとき、人間の在り方についての思わぬ逆転に結びつきます。これも哲学的思考の醍醐味です。

30秒でわかる！ポイント

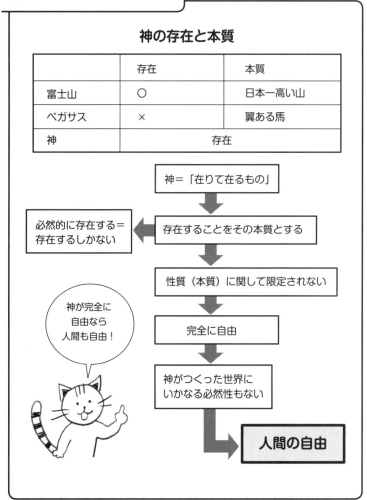

ワンポイント解説 ▶ イスラーム圏のアリストテレス研究

イブン・スィーナー（アヴィケンナ）、イブン・ルシュド（アヴェロエス）など、イスラーム圏で蓄積され、当時、流入したアリストテレス研究がトマスの背景にあった。

10 hours	3
philosophy	

中世：
神学の婢

▶ 05

オッカムの
ウィリアム
余計な概念は捨てる

誰かが行方不明になったとします。そのとき、失踪した、事故にあった、などの仮説は考えますが、UFOにさらわれたという仮説は考慮しません。無闇に多くの仮説を立てると混乱するだけだからです。オッカムは、余計な哲学的仮説について断捨離を実行しました。**普遍**がどこにあるのか、どこから生まれたのか、という問題は古代・中世を通じて難問でした。普遍は見たり、触ったりできないので現実の世界にはありません。だから、プラトンやキリスト教徒は、イデア界や神の頭のなかなど、どこか別世界に置こうとしました。ところが、オッカムは、普遍の置き場所について第三の可能性を見つけました。現実の人間の頭のなかです。

最初、桃を見ると「白くて甘いあれ」という**観念**が頭のなかに生まれ、記憶されます。次に別の桃を見ると、また同じ観念が生まれ、よく似た先の記憶と結びついて、二つに共通した、桃の観念が生まれます。その観念の名前である「モモ」はすべての桃に、普遍的にあてはまります。普遍的なのは名前だけという**唯名論**の立場です。

普遍は観念から生まれるので、もうイデアは不要です。イデアという「プラトンの顎髭」を切り落とすのが「**オッカムの剃刀**」です。

トマス路線からすると、神は完全に自由で、この世界を制約する普遍的秩序はありません。そのため、個物についての自分の知覚から出発しなければ普遍を見いだせないというのがオッカムの考えです。自我を根拠とするデカルト、知識の根拠を感覚的知覚に求めるイギリス経験論など、近世哲学の源流がこうして生まれました。

30秒でわかる！ポイント

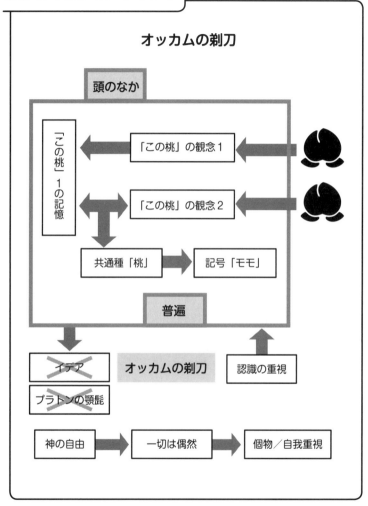

ワンポイント解説 ▶ ショーン・コネリーが演じたオッカム

イタリアの記号論者ウンベルト・エーコの小説『薔薇の名前』はショーン・コネリー主演で映画化もされたが、その主人公はオッカムをも思わせる。

第 2 部

10 hours ⊘

philosophy

近世・近代
哲学

第2部で
押さえておきたい
哲学用語

「帰納法」

ハチ公はうれしいと尻尾を振る、スヌーピーもうれしいと尻尾を振る
…など、個々の事例を観察して、「イヌはうれしいと尻尾を振る」と
いう一般法則を導き出すこと。

「演繹法」

「人はみな死ぬ」「ソクラテスは人だ」「ゆえにソクラテスは死ぬ」と
いう三段論法など、知覚や観察に頼ることなく結論を導くこと。

「合理主義」

日本語では、情緒や人情に流されず計算や理詰めで事を決める態度を
指すが、哲学では、世界には、その全体を貫く理法があるので、理詰
めの議論だけで把握できるという立場を指す。合理論とも言う。「原
因なしに何も生まれない」という原理から、「あることの原因1にも
原因2はあり、原因2にも原因3があり、…と無限に遡るとキリがな
い。それゆえすべての始まりである神が存在する」という結論を導く
ような議論がそれにあたる。

「経験」

日本語で「経験豊富」と言うと、多くの修羅場をくぐりぬけ、賢明な
人物を指し、「経験」とはそのような場面に遭遇した「ことがある」
ことだが、哲学で経験とは、観測や観察、実験をすること。また、視
覚や聴覚、触覚など感覚を通じて知覚すること。経験のみが知の源泉
であるとする立場が経験論。

「啓蒙」

知的に暗愚な状態を「蒙」とよぶ。その頑迷な頭や眼を「啓いて」、
知的能力や理性を与えることを指す。

「コギト」

「わたしは考える」という意味のラテン語。ラテン語は人称・時制ごとの活用がすべて決まっているので、「考える」という意味の動詞「cogitare」の一人称単数形「cogito」だけで「わたしは考える」となる。デカルトによれば、これこそが唯一絶対確実である。

「直観」

夏至の日の出が朝四時だった場合、夏至の日、ベッドのなかで時計を見て「四時だから日が出たはずだ」とするのが推論。実際に日の出を目で見たり、その様を想像・想起することが直観。「直観的に知る・わかる」とは、根拠や説明なしに知り、わかること。

「人文主義者」

中世スコラ哲学が『聖書』を中心にしたのに対し、古代ギリシアやローマの文献をも用いて、神や人間についての探求をおこなった人々。

「実体」

机の上に桃があったとき、桃の「白い」という「性質」、机の「上」という「関係」は、桃や机があってはじめて成り立つ。桃や机のように、その存在が他のなにかに依存しないものを「実体」とよび、実体にその存在が依存する性質や関係と区別する。実体とは、「その存在が他のなにかに依存しないもの」である。

「因果」

「親の因果が子に報い」と言うが、哲学では「原因」と「結果」のこと。密閉容器の温度を上げると内部の圧力が上昇するが、このとき、温度上昇が原因、圧力上昇が結果。両者のあいだには因果関係があり、それはつねに成り立つので、「ボイル・シャルルの法則」という因果法則が生まれる。

「永遠の真理」「理性の真理」／ 「偶然の真理」「事実の真理」

「三角形は三頂点をもつ」においては、「三頂点をもつ」という述語が、「三角形」という主語に含まれている。このように、主語概念を分析

すれば述語がえられ、それを否定すると矛盾に陥る真理を、ライプニッツは「永遠の真理」「理性の真理」とよぶ。「永遠の真理」「理性の真理」は三角形を実際に知覚しなくても、概念分析だけでえられるが、「地球は青い」「イチローは天才だ」は、実物にあたらなければ真偽がわからず、また、それぞれが別様であることも可能である。これを「偶然の真理」「事実の真理」とよぶ。「理性の真理」／「事実の真理」は、ヒュームにおける「観念の関係」／「事実関係」、カントにおける「分析判断」／「総合判断」と同じ。

「線引き問題」

科学と非科学、真の知識と単なる憶測とを区別する基準をはっきりさせて、両者のあいだに明確な境界線を引こうという哲学的な課題。その萌芽は、無知の知を暴くソクラテスに見られ、ロックなどのイギリス経験論、カント、20世紀の論理実証主義などに引き継がれた。

「形而上学（メタフィジックス）」

神の存在や死後の魂など形ある自然に含まれず、経験的に確かめられない問題をあつかう。アリストテレス全集編纂者は、論理学や政治学など主題のはっきりした草稿から書物としてまとめていったが、最後に「万物の原因」など、何の話だかわからない草稿類が残った。それを集めた巻は、タイトルがつけられなかったため、直前の巻『自然学（フィジカ）』の「あと（メタ）」という意味で『メタフィジカ』とよばれる。やがて、それがすべての原理の学として認知されたとき、「形ある自然を超えた（メタ）原理の学」という意味をもつようになった。

「知性」「悟性」

日本語で「知性」は、知識が豊富で、教養・識見のある人物を指すが、哲学では、三段論法など論理法則、四則演算など数学的規則、「原因なしに物は変化しない」という法則など、一定のルールにもとづいて、個々の問題についての計算や推論をおこなう、あるいは、物を認識する能力を意味する。「悟性」はドイツ哲学翻訳用語で、他の哲学における「知性」のこと。

「対象」

机のような「事物」「存在者」としばしば混同されるが、感覚的に知

覚できない「無限大」、想像されただけの「桃太郎」、およそありえない「丸い四角」も、それについても考えたり、語ったりできるため、いずれも「対象」である。

「アプリオリ」

ラテン語で「〜の先」を意味する語で、英語のプライオリティなどと同根。「アポステリオリ」（〜のあと）の反対。「地球は青い」は、経験によって、経験のあとで真とわかるアポステリオリな真理だが、「三角形は三つの角をもつ」は、経験しなくても、経験の前にわかるアプリオリな真理である。

「物自体の世界」

カントによれば、感性的に経験されるこの世界は、物理学の因果法則に支配されているが、その背後にある物自体に因果法則はおよばない。人間の意志も因果法則を超えているので、物自体の世界に属する。「叡智界」とよばれる。

「ドイツ観念論」

Idealism の訳だが、ideal は「理想」「理念」という意味があり、またフィヒテやヘーゲルの目的は、人間の自由という理想を実現することだったため「ドイツ理念論」と訳すのが、じつは適切である。

「表象」

映像や写像のように、なにかを表わす像。『麗子像』は、岸田麗子の表象である。机を上から見れば天板、横から見れば脚しか見えないように、机という実体はその都度、その一部しか見えず、そのため見えている部分は実体の表象となる。カントやショーペンハウアーにとっては、知覚される机すらも不可知の物自体の表象である。「イメージ」の意味としても使われる。

「単独者」

「個人」とおなじく、自立した自律的存在を指すが、ある個人は、他のすべてと同じ権利・責任をもち、連帯が可能だが、単独者は、他のだれともそのあり方が重ならず、たったひとりで存在する。

| 10 hours | 4 |
| philosophy | |

**自我の
芽生え**

▶ 01

近世へ
貧困と疫病

14世紀のヨーロッパを災厄が襲います。ペストが大流行し、ヨーロッパ全人口の3分の1が失われたのです。ところが、飢餓貧困のヨーロッパを逃れた人々のひとり、コロンブスが1492年、「新大陸」に到達します。これが逆転の一打でした。アメリカ・アフリカ大陸の資源を使ってヨーロッパ経済は徐々に回復し、17世紀には好況期を迎えます。

その間、14〜16世紀にはイタリア、オランダなどを中心に文芸運動（「ルネサンス」）が生まれ、15世紀に登場した活版印刷は、ルター（1483〜1546）などによる宗教改革の起爆剤となりました。新教と旧教との対立からはじまった三十年戦争（1618〜48）は、ヨーロッパ中の国を巻き込み、主戦場となったドイツ地域は荒れ地となって、19世紀まで中世の状態が続きます。

その間、コペルニクスやガリレオ・ガリレイによる「地動説」など、天文学上の発見、**帰納法**を唱えたフランシス・ベーコン（1561〜1626）、『ユートピア』のトマス・モーア、『知愚神礼賛』のエラスムスなど**人文主義者**、冷徹な政治哲学のマキャベリ（1469〜1527）など、中世とは毛色の違う思想が登場します。

17世紀、デカルトがあらわれ、その後、ヨーロッパ大陸における**合理論**、イギリスにおける**経験論**の対立が生まれます。ブルジョワが台頭しはじめた18世紀は、人々に**理性**の光を分けあたえる「**啓蒙の時代**」「**理性の世紀**」とよばれ、資本主義社会に見合った**社会契約論**や自由思想が登場しました。

54

30秒でわかる! ポイント

近世の歴史と哲学

近世ヨーロッパ		日本
14世紀	ペスト流行	1336〜 室町時代
14〜16世紀	ルネサンス	14〜15 世紀世阿弥
1445	活版印刷	1397 金閣寺
1492頃	大航海時代	1467 応仁の乱
16世紀	宗教改革	1488 一向一揆
16〜17世紀	コペルニクス（1473〜1543）、ガリレオ（1564〜1624）など	
1596	デカルト生（〜1650）	1588 秀吉の刀狩り
1618	三十年戦争（〜1648）	1603 徳川幕府
1623	パスカル生（〜1662）	
1632	スピノザ生（〜1677）ロック生（〜1704）	
1638	ルイ14世	
1646	ライプニッツ生（〜1716）	1688 元禄文化
1711	ヒューム生（〜1776）	1709 正徳の治
1712	ルソー生（〜1778）	

4

自我の芽生え

ワンポイント解説 ▶ マキャベリの思想

「君主になるため、美徳をすべてもつ必要はない。だが、もっていると人々に思わせることは必要だ」などリアルに撤した彼の思想はマキャベリズムとよばれる。

10 hours	4
philosophy	

自我の
芽生え

▶ 02

デカルト
絶対確実なこと：
コギト

　信じていた人に裏切られた、確かだったはずの情報が嘘だった、など、なにを信じていいかわからなくなるとき、頼りになる絶対確実なものが欲しくなります。それがデカルトの状況でした。

　デカルトによると**絶対確実**とは「疑う余地がない」ことです。疑う余地があるものは確かと言えません。さまざまな事柄について疑う余地の有無を確かめ、疑えるものを外していく**懐疑**を実行し、残ったものがあれば、それが絶対確実なものであるはずです。

　それにしても、目の前にある本や街を疑う余地などあるでしょうか。── あるのです。すべて、**夢**かもしれないからです。もちろん、だれでも夢と現実は区別できます。しかし、それができるのは目がさめた後のことです。今、確かに見える本や街も、次の瞬間、目がさめたら、夢だったかもしれません。本や街など、すべて不確かです。自分の**身体**や記憶も同様です。目がさめたら自分は異星人かもしれず、幼い頃からの記憶はすべて幻かもしれないのです。

　すると、確かなものはないのでしょうか。ところが、いまそう考えていること、そのことはどうでしょう。「いま自分は考えていると思っているが、それは夢かもしれない」と疑うことは可能です。けれども、疑う、ということは、自分が考えているということです。そのことを再び疑っても、その時点で、わたしは再び考えています。疑いと考えが無限ループとなるため、自分が考えていること（「**コギト**」）を疑いきることはできません。「**わたしは考える、ゆえにわたしは存在する**」ことは絶対確実なのです。

56

30秒でわかる！ポイント

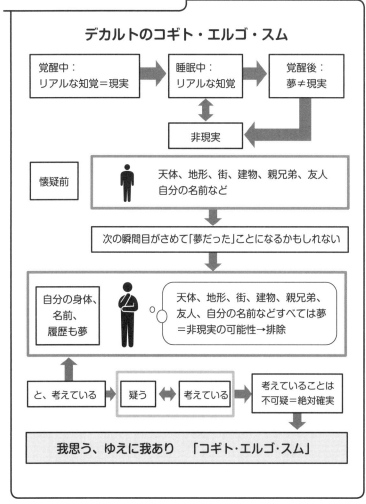

ワンポイント解説 ▶ 映画『マトリックス』に見る夢の懐疑

立身出世の生涯が夢とわかる邯鄲の夢、自分は蝶の夢のなかの存在かもしれないとする胡蝶の夢、現世は幻とする映画『マトリックス』の世界が、夢の懐疑の実感を伝える。

10 hours	
philosophy	**4**

**自我の
芽生え**

▶ 03

主観／客観図式
証拠がなければ
あるとは言えない

コギトは絶対確実かもしれません。しかし、まわりになにもない
ところで、いくらコギトだけ確実でも、なにもはじまりません。コ
ギト以外に確かな物事はないのでしょうか。

コギト、つまり、自分が考えていることは、当然、自分でもはっ
きりわかるし、いつでも**検証**できます。つまり、絶対確実なものは
検証可能です。それなら、とデカルトは考えました。逆に、検証可
能なことは絶対確実だ、と。ところで、目の前の本や街、自分の身
体は検証可能です。ゆえにこうしたものは確実に存在します。

身の回りのものすべてが確かに存在しているとわかったのはあり
がたいことです。しかし、これでは結局、元の木阿弥ではないので
しょうか。

ところが、それは見かけにすぎません。懐疑前には、親兄弟や天
体などすべてが存在するなかにわたしが生まれ、生きていました。
ところが懐疑をした後は、わたし、すなわちコギトがまず存在し、
コギトによる検証の後、はじめて親兄弟や天体は存在するのです。

コギトを**主観**、コギトが検証する対象を**客観**と言いかえると、客
観の基盤は主観にあると言えます。こうした世界観を**主観／客観図
式**とよび、この図式は、以後、イギリス経験論やドイツ観念論、現
象学など、ほとんどの近現代哲学の基本となりました。証拠による
検証が、なにかがあると言えるために必要だという考えは、**犯罪捜
査**や**裁判**、**自然科学**の基盤ですし、自立的に存在する自分は近代**個
人主義**の基礎です。いずれも**近代社会**を支える原理なのです。

30秒でわかる! ポイント

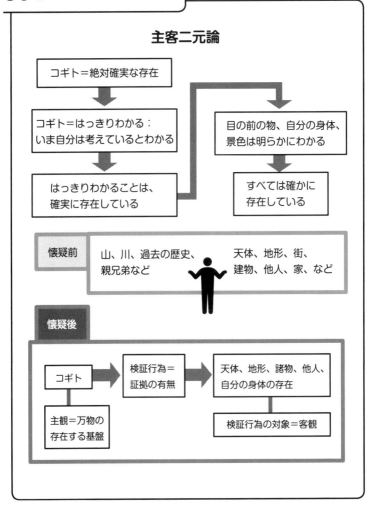

ワンポイント解説 ▶ 通常の用法とは異なる「主観」「客観」

主観は「sub −（基礎に）」「jectum（置かれたもの）」、客観は「ob −（主観に対して）」置かれたものの訳。「客観的」を「主観的」より優位とする通常の用法とは逆。

10 hours	
philosophy	**4**

**自我の
芽生え**

▶ 04

心身二元論
心と身体が生き別れ

だれでも歯が痛かったり、空腹だったりすると頭が回りません。逆に、気持ちが重い日が続くと胃に穴があくでしょう。心と身体は一体です。ところが、このあたりまえの事実が、デカルトの哲学を前提とすると説明できなくなってしまいます。

デカルトにとって、身体と心のあり方はまったく異なります。

第一に、身体には身長や体積があり、存在するために空間が必要です。ところがコギト、つまり心は考えるだけの存在なので空間は必要ありません。わたしの考えが1リットルだ、とか、10センチの悲しみ、とか、あまり言いません。

主観／客観図式のなかでの居場所も異なります。懐疑の途中、本や街ばかりか、自分の身体も夢だった可能性があるとされました。その後、絶対確実とわかったコギトが検証作業をはじめたとき、その検証対象として、自分の身体はようやくその存在が認められます。コギト、つまり心は、主観／客観図式の主観の側、身体は客観の側に位置し、生き別れ状態です。これを**心身二元論**とよびます。

ところが、実際に心身は密接に連携しているので、この連携を心身二元論からどう説明するかという**心身問題**が、当然、生じます。デカルトは、心は身体という小舟を漕ぐ船頭というわけではないと言います。しかし、結局、脳内にある**松果腺**という小器官を介して心と身体がつながるとしか言えませんでした。ここから、訓練さえすれば身体は機械のように改善、操作できるという**人間機械論**が生まれ、軍隊、体育、舞踊などの現場に応用されました。

60

30秒でわかる! ポイント

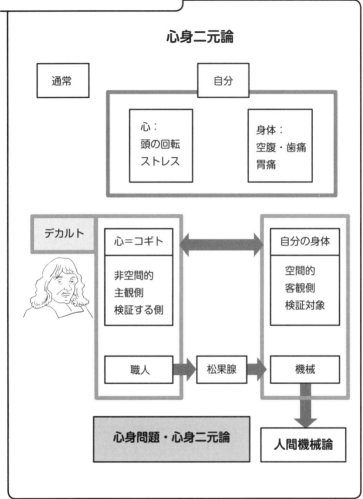

ワンポイント解説 ▶ その痛みはどこにあるのか?

入浴中、指を切ったとする。その痛みは風呂桶の中にあるとは言えず、指にある。風呂桶という物体と身体は同列にできないが、デカルトは両者を一緒にしてしまう。

10 hours	4
philosophy	

自我の
芽生え

▶ 05

パスカル
考える葦

　毎週、同じバラエティ番組を見るなど、大事な仕事から目を背けて**気晴らし**に走る人がいます。その程度なら気分転換と言えるでしょう。ところが、パスカルに言わせると、人生や生命を左右する出世競争や戦争も「気晴らし」です。大事なことを直視せず気晴らしに身をやつす悲惨な姿は、本能にしたがう**動物**同然ですが、ただ、そのことを自覚できる点、人間は動物と違います。すなわち人間は、神と動物との**中間的存在**だとパスカルは考えます。「人間は宇宙のなかでは一本の葦のように儚い。だが、それは**考える葦**である」という有名な言葉は人間の中間的存在を表現するものです。

　人間が中間的存在となったのは原罪のためです。人間は、地上の支配者として創造されたのに、禁断の果実に手を出し、楽園から追放されました。その結果、万物の支配権はおろか、自分を制御する力も失って、中間的存在に堕落した、というわけです。

　熱烈なキリスト教徒だったパスカルにとって、すべてをコギトが決定するというデカルトは神を怖れぬ傲慢な者でしかありません。「無用にして不確実なデカルト」とさえパスカルは言います。

　モラリストでもあるパスカルは、デカルトが重視する「**幾何学の精神**」に「**繊細な精神**」を対置します。繊細な精神は、空間・時間・運動・数など、**幾何学**の基本原理を直観的に知る能力です。こうした基本原理は、実質的に定義できませんが、現にわたしたちは幾何学を理解し、利用しています。それは繊細な精神があるからだ、とパスカルは考えるわけです。

30秒でわかる！ポイント

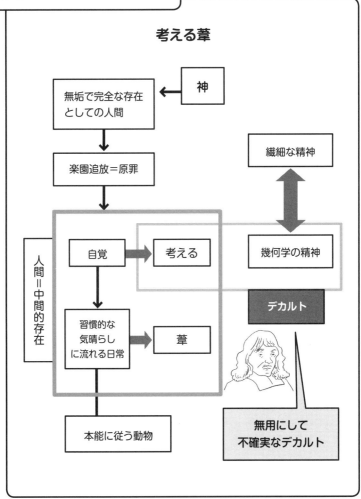

ワンポイント解説 ▶ モラリストの伝統

モラリスト、モンテーニュ（1533～1592）は、「いつかできることは、すべて今日でもできる」など味わい深い言葉で知られ、その伝統は20世紀のアランにおよぶ。

10 hours	▶ 01
philosophy 5	

理性の世紀：
合理論と
経験論

スピノザ
必然を楽しむには

　だれでも自分がなにをするかは自分で決めたいものです。自分の主人は自分です。ところが、もし全知全能の神がすべてを決めていたらどうでしょう。自分がなにをするか、なにを考えるか、すべて神が決定しているとする「**神学的決定論**」がそこから帰結します。

　誰かが小石を投げ、その小石に意識があれば、小石は自分で自由に飛んでいると思うかもしれません。スピノザによれば、人間も神に「**投げられた石**」にすぎません。すべては神が決定したことなのに、**自由意志**によるものと錯覚しているのです。

　しかし、それはかならずしも悪夢ではありません。なぜでしょう。桃の「白い」という**性質**、「机の上にある」という**関係**は、桃や机という**実体**があってはじめて成り立ちます。一方、実体は他に依存せず、それだけで存在します。ところが厳密に考えると、桃も机も、それを出荷した農家や工場がなければ存在できません。本当に、それ自身だけで存在できるのは**神**だけです。現に存在する実体は神だけなのですから、神は過去から未来の全時点、全空間に満ちており、他の事物はすべて神の部分であることになります（「**汎神論**」）。

　決定論を苦々しく思うこと自体、神の意志にもとづく現象です。いったんこうした神の視点から（「**永遠の相のもとに**」）見れば、すべては神から生まれた現象、神の一部であり、そこにはなんと自分も含まれています。それはおおいに悦ばしい、と、「神に酔える人」スピノザは言うのです。

64

30秒でわかる! ポイント

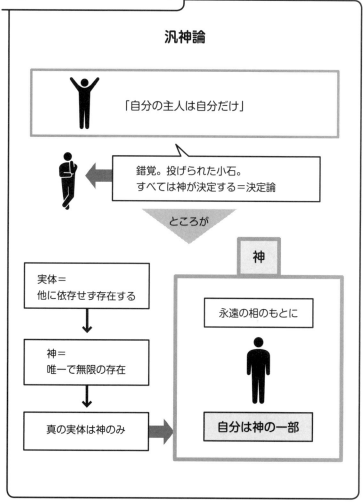

ワンポイント解説 ▶ スピノザのレンズ磨き

当時、望遠鏡の技術は急激に進化し、そのためのレンズ磨きの技術をスピノザはもっていた。それが生計のためと言われるのは誤りで、むしろ研究のためだった。

10 hours	5
philosophy	

理性の世紀：
合理論と
経験論

▶ 02

ライプニッツ
噴水の曲線に
宇宙が宿る

　噴水は放物線を描き、その形は水の推力の強弱によって決まります。水が噴き出すためには、特殊な形状の噴出口、水道、水源、海水が蒸発して雨になる気候システム、水道管を作るための鉄工場、鉄鉱山、鉄を作るマグマの運動、太陽、太陽系、銀河など、はるか過去から現在にいたる宇宙のシステム全体が、実は必要です。このように、無限の関係を背景とし、力によって統一される個体を「**モナド**」（「統一体」）とよびます。ライプニッツによれば噴水、噴出口、推力、海、太陽、人、神など、すべてモナドです。

　モナドはバラバラに存在するのではなく、互いに内在的関係をもち、各モナドが宇宙の全存在を反映します（「**宇宙の生きた鏡**」）。時計職人が無数の時計を同時に動くよう仕掛けるように、最大モナドである神は、宇宙全体が相互に調和しながら動くようにあらかじめ仕込みます（「**予定調和**」）。その結果、この宇宙は他に可能な宇宙のどれに比べても最善です（「**最善観**」）。

　神と人間はモナドという点では同じですが、もちろん断絶もあります。「三角形は三つの頂点をもつ」のような「**永遠の真理**」「**理性の真理**」は、神も人も概念を見ただけでわかりますが、「桃は甘い」のような「**偶然の真理**」「**事実の真理**」については話が別です、神は桃の概念だけで、それが甘いとわかりますが、人は実際に確かめてみなければわかりません。

　ライプニッツは合理論の哲学者ですが、真理の二つの区別に、経験重視のイギリス経験論との親和性をも見て取ることが可能です。

30秒でわかる！ポイント

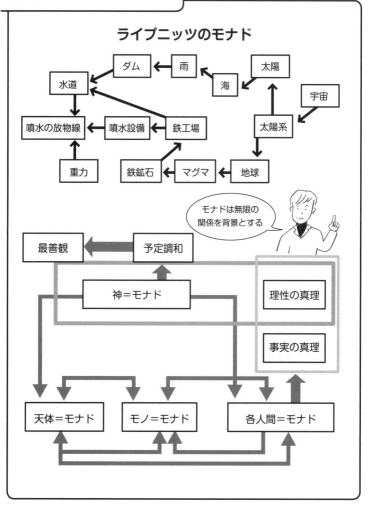

ワンポイント解説 ▶ 数学者であり実務家でもあったライプニッツ

ニュートンに先駆けて微積分法を発見。ルイ14世相手の外交交渉、ハノーヴァー図書館長をつとめるなど実務家であり、『中国最新事情』など中国にも関心があった。

10 hours	**5**	▶ 03
philosophy		

理性の世紀：
合理論と
経験論

ロック
すべての知識は
経験から

　生まれつきの知識というものはありませんから、だれもが生まれたときには「**白紙（タブラ・ラサ）**」状態です。**知覚**からえた知識だけが確実です。ではひとは、知覚だけからいかにしてなにを知りうるのでしょう。認識の根拠と範囲を巡るこの問いを**認識論的問題設定**と言います。

　オッカムと同様、ロックも知識は観念としました。感覚された、リンゴの赤、信号の赤という感覚を「**反省**」すると、「赤」という**単純観念**がえられます。「赤い」「丸い」といった単純観念を組み合わせると「リンゴ」という「**複合観念**」ができます。こうした観念の操作によって、どんなに複雑で抽象的な知識も成立し、逆に、こうした経路からえられたもののみが知識だと、ロックは考えます。

　このやり方と問題設定は、20世紀の**論理実証主義**における**科学**と非科学の**線引き問題**にまで引き継がれました。

　社会思想家でもあったロックの**社会契約論**は、名誉革命（1688）の理論的拠り所でした。元来、人間は社会的かつ理性的なので、無政府の「**自然状態**」でも**自然法**によって**自然権**、すなわち、生命・自由・財産についての**所有権**、侵害する相手を処罰する権利をもっています。ただ、自然状態では所有権が確実に保証されません。そのため、人々は自分の処罰権を公的機関に委ね、法によって所有権が確保されるとする**契約**を結びます。こうした契約によって国家が生まれるとするのが社会契約論です。政府が契約に反した場合、服従を拒む「**抵抗権**」「**革命権**」が人民には保証されています。

30秒でわかる! ポイント

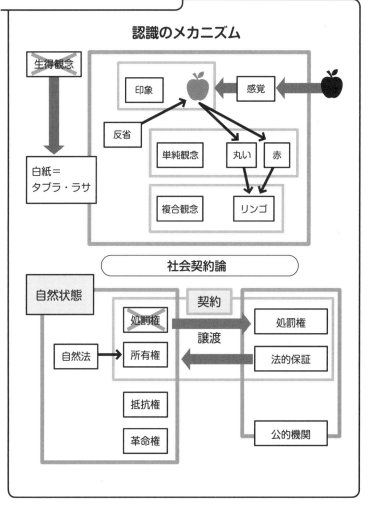

ワンポイント解説 ▸ 百聞は一見に如かず

通常、ひとは、自分で見聞きするより、親などから聞き、本などを読んでより多くの知識を得る。しかし、伝聞で得た情報は、自分で確かめなければ知識とは言えない。

▶ 04

ヒューム
極端な懐疑論

```
10 hours      5
philosophy
理性の世界：
合理論と
経験論
```

　知識の入手先として感覚的知覚しか認めないという経験論の立場をあまりにも徹底すると、ついには知覚経験そのものを否定する**懐疑論**に行きついてしまいます。

　ビリヤードをしたとします。球Aが球Bにぶつかり、だからBが動きました。よくある些細な事柄です。ところが、ヒュームに言わせると、それをだれも知覚できません。「AがBにぶつかった」こと、「Bが動いた」ことは知覚できます。ところが「だから」は知覚できないからです。「だから」の色や形なんてわかりません。

　もちろんだれもが「だから」と言いたくなります。しかしそれは、心理的習慣によるものにすぎません。梅干しのことを考えると唾液がでる「**観念連合**」という現象があります。同じように、火の映像を見たあといつも熱を感じると、火の映像を見ただけで熱を期待する**習慣**ができます。これをヒュームは「**恒常的連結**」とよびます。「だから」と言いたくなるのは恒常的連結のためです。「**因果関係**」の根拠は自然のうちにはありません。それは主観的**必然**性なのです。雨乞いの唄を聴いたあと、たまたまいつも降雨にでくわしたからといって、雨乞いが雨の原因とは言えないのと同じことです。

　物理学など、自然科学は因果関係に関する法則からできています。因果関係が成り立たなければ**自然法則**も自然科学も成り立ちません。それどころか、ものや自我などの「実体」も「知覚の束」にすぎないとヒュームは言います。もともと非科学と区別して科学を確保するためだった経験論が、科学を不可能にしたのです。

70

30秒でわかる！ポイント

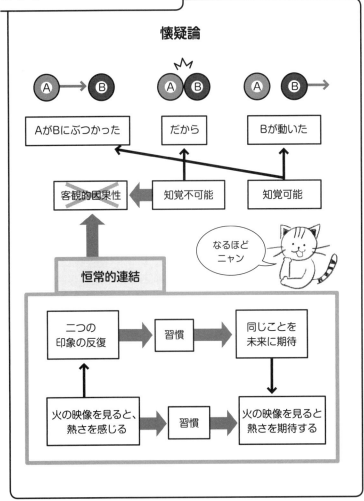

ワンポイント解説 ▶ ヒュームとカント

ヒュームの極端な懐疑論は、当初、大陸合理論の信奉者だったカントに衝撃をあたえた。カントはヒュームが自分の「独断の微睡み」をやぶったと述べている。

10 hours	
philosophy	**5**

▶ 05

ルソー
自然に還れ

理性の世紀：
合理論と
経験論

　国家がどのように生まれるかという問題について、かつてヨーロッパでは、神が王に権力を授けたという**「王権神授説」**が唱えられました。経済の好況によって中産階級が台頭すると、ロックなど、**「社会契約説」**を唱える人々が登場します。そのなかでも異彩を放つのがルソーでした。

　ルソーによると、人間は元来、善なので、無政府の「自然状態」でも、自己愛のほか、他人を憐れむ情をもっています。不平等や隷属、戦争など好ましくない現象が発生するのは土地私有がはじまったときで、その私有を前提に政府を作っても不平等が固定されるだけのことです。本当に必要なのは、自分の財産や自然権を全面譲渡する**社会契約**です。それによって生まれた共同体は、各人の利害にこだわる**「特殊意志」**や、その総和である**「全体意志」**ではなく、共同体共通の利益だけを考える**「一般意志」**を原理とします。個人と共同体がこうして一体となることによって、自由と結合が同時に実現し、そこでは、直接民主制が理想とされる、というわけです。**「自然に還れ」**という有名なスローガンがあります。これは、「原始の自然」を理想化してそこに復帰しようということではありません。むしろ、自然状態にあった平等、幸福、愛などを真の社会契約によって回復し、「完成された人為」に移行するのがその真意です。

　ルソーの考えは、フランス革命でもっとも過激だったロベスピエールのジャコバン党やドイツにおける**ナチズム**の指導理念にもなりました。

30秒でわかる! ポイント

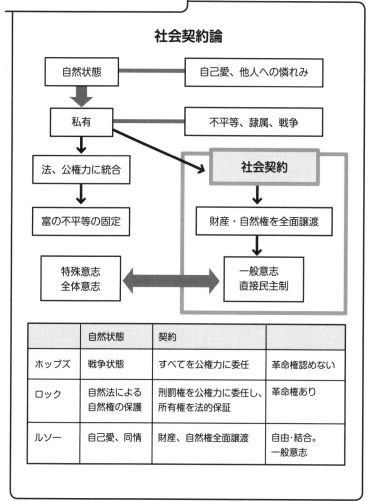

ワンポイント解説 ▶ ルソーとカント

ルソー『エミール』に夢中になったカントが、日課の散歩を忘れた逸話は有名。人間への尊敬を教えてくれたルソーをカントは「道徳界のニュートン」とよんだ。

10 hours	**6**
philosophy	

近代の
前段階：
カント

▶ 01

カントのいた時代

18世紀後半になると、アメリカやアフリカ大陸の資源を使って
ヨーロッパ経済が活発になり、中産階級が台頭し、中世封建制の尻
尾を引きずった王制はもはや維持できなくなりました。イギリスに
対するアメリカ独立戦争（1775〜83）が成功すると、それに刺激
されて、フランス革命（1787〜99）が勃発するなど、王や貴族に
代わって中産階級が主導する体制が徐々に生まれます。こうして、
資本主義社会に見合った哲学が必要となりました。

古代・中世哲学は、イデアや神を中心としたものでしたが、それ
に対してデカルトは自我中心の図式を確立しました。その後、17
〜18世紀には、大陸合理論とイギリス経験論がしのぎを削ります
が、そのいずれもが自己破壊的な帰結にいたりました。ヒュームに
見られるとおり、経験論は、証拠にこだわるあまりついになにも知
と認めることができなくなる**懐疑論**に陥ります。合理論は、ライプ
ニッツを受けたクリスチアン・ヴォルフなど、証拠の有無と無関係
に、理屈だけを押し切る**独断論**に行きついていました。

この二つの極端を調停したのがカントです。認識や存在の条件に
関わる『純粋理性批判』、倫理や道徳に関わる『実践理性批判』、美
や自然の全体に関わる『判断力批判』は、自然科学の正当性、個人
の自律、芸術の自律といった近代的原理の裏付けとなると同時に、
フィヒテ、シェリング、ヘーゲルらの「ドイツ観念論」に道を開き
ます。

74

30秒でわかる！ポイント

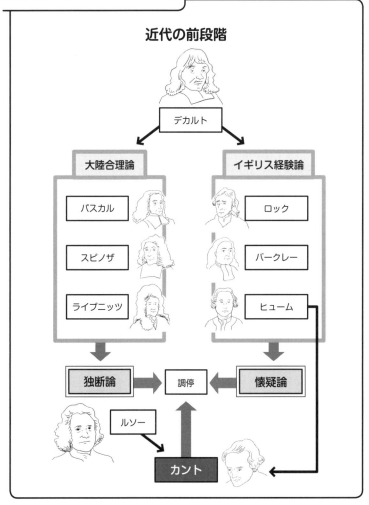

ワンポイント解説 ▶ ブルジョワの重用が革命の種？

ルイ14世はフランス王権の絶頂だったが、その宮廷ではブルジョワ出身者がおおいに重用された。封建貴族の力を削ぐためだったが、それが同時に、革命を準備した。

10 hours	**6**
philosophy	

近代の
前段階：
カント

▶ 02

ひとはなにを知りえないか：これ以上考えても仕方ない

「ひとは本当に自由なのか」「神は存在するのか」「宇宙に始まりはあるのか」など、だれでも一度は気にしたことがあるでしょう。形ある物体や自然を超えた、いわゆる「**形而上学**」的問いです。形而上学的問いは、だれにとっても不可避ですが、答えるのは不可能な問い、つまり病だとカントは言います。

そのことをはっきりさせるために、カントは、「神は存在する」など、形而上学的主張を肯定しようとしても、否定しようとしても、結局、決め手がないことを明らかにします。

たとえば「宇宙に始まりはある」という主張を肯定して「宇宙は有限」と言っても、始まる前の状態が問題となり、結局、「宇宙は無限だった」と言わざるをえません。最初の意図と逆の結論です。

逆に、宇宙の始まりを否定して「宇宙は無限」とすると、無限後退となってきりがないので、どこかに起点をおいて、「宇宙は有限」と言わざるをえません。これも最初の意図とは逆です。

「宇宙の始まり」を肯定しようとしても、否定しようとしても自己破壊にいたります。一方、神の存在・人間の自由については肯定・否定いずれも成立し、やはり決め手がありません。こうしたどっちつかずの状態が「**二律背反**」です。

カントはこうして、形而上学にこだわる理性の限界を見極め、合理主義的独断論を否定します。それが「信仰の場所を作るために知を制限する」ための**理性批判**でした。自由や神、死後の魂は信仰の事柄であり、学問的知の対象は物理法則などに限られます。

30秒でわかり！ポイント

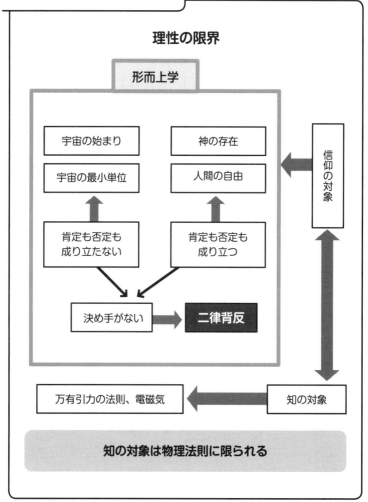

ワンポイント解説 ▶ 几帳面なカント

カントは北海のハンザ都市ケーニヒスベルクで生涯すごした。几帳面な性格で、毎日、定時におこなう散歩は、町の人々の時計がわりになっていたと言う。

10 hours
philosophy **6**

近代の
前段階：
カント

▶ 03

『純粋理性批判』
認識の可能性
なにを知りうるか

　花や虹はだれにでも同じように見えると思われます。しかし、犬の視覚は白黒です。虹が三色にしか見えない文化もあります。色眼鏡をかければまわりの見え方が変わりますが、カントによればだれもが生まれつき色眼鏡をかけているのです。

　桃色で、触ると丸く、食べると甘かったとき、それは「ひとつの桃」です。このとき「ひとつの」という概念は視覚・触覚・味覚のどこにも含まれていません。しかし、ひとつの桃は現にそこにあります。では「ひとつの」はどこからきたのでしょう。知性からだ、とカントは答えます。「ひとつの」は知性からきた概念であり、これを「**悟性概念（カテゴリー）**」とよびます。

　悟性概念は、なにかを経験する前、経験に先立ってあった概念なので、「**アプリオリ**」（ラテン語「〜に先立つ」）な概念とされます。

　知覚経験は、悟性概念という色眼鏡によって編集されたものです。生物種や文化ごとに色眼鏡が変われば知覚内容も変わります。犬より人間、三色より七色の虹の知覚が本物だとする根拠はありません。真実は、すべての知覚内容の背後にあり、だれにも知覚できないものでしょう。それをカントは「**物自体**」とよびます。

　認識対象があって、それを認識するのではなく、悟性概念があってはじめて対象とそれについての経験が成立します。この逆転を、カントは地動説になぞらえて「**コペルニクス的転回**」とよびました。

　アプリオリな概念によって、カントはヒューム的懐疑論を克服し、自然科学の可能性を確保したのでした。

30秒でわかる! ポイント

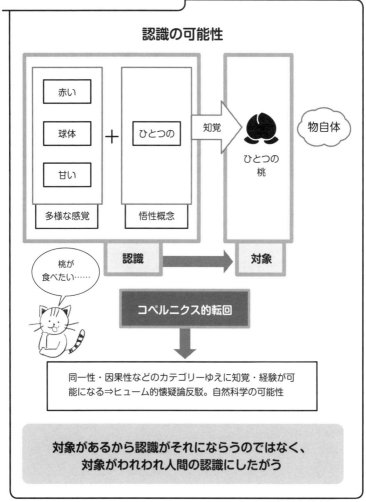

ワンポイント解説 ▶「知性」も「悟性」も、元は同じ

英語 understand はドイツ語で verstehen であり、名詞は understanding と Verständnis となる。明治期に前者を「知性」、後者を「悟性」と訳したが元は同じだ。

10 hours	**6**
philosophy	

近代の
前段階：
カント

▶ 04

『実践理性批判』
なにをするべきか
理性的人格

　現在、多くの大学は非常勤講師の採用条件として他大学での教歴を必須としています。経験のある方に教えていただくのは好ましいことですが、この方針を全大学が採用すると、まだ教歴のない院生は永遠に就職できません。それは、長い目で見れば大学にとっても好ましくない結果を招きます。

　カントは、人間の義務を教えるものとして「**仮言命法**」と「**定言命法**」を区別しました。仮言命法は条件的義務で、たとえば、「危害を加えられたくなければ、人に危害を加えるな」は、危害を怖れない人にはあてはまりません。希望や条件が違えば義務も違います。

　定言命法とは、無条件にだれもがしたがわなければならない義務で、具体的には、「自分がこれからやることを、全員がやっても困ることにならないかどうか、つねにチェックせよ」というルールです。自分勝手なことは、ほかの全員がやると当然、みんなが困り、結局自分も困るのでやってはいけない、というわけです。上記の非常勤講師採用条件がその例です。

　とはいえ、自分がなにをするかを決めるのは自分の**意志**です。意志は、因果性に支配されず自由なので**物自体**の世界に属し、しかもそれ自体、善です。定言命法は、それを前提とした上で行為の是非をチェックするフィルターの役を果たします。

　カントの時代は「**啓蒙**」を理想とする「理性の世紀」でした。「啓蒙」は、牧師や霊媒師などの意見に盲従する他律の対極、自律のことです。カントの考えは、ロールズなど、現在の倫理学の基盤です。

30秒でわかる！ポイント

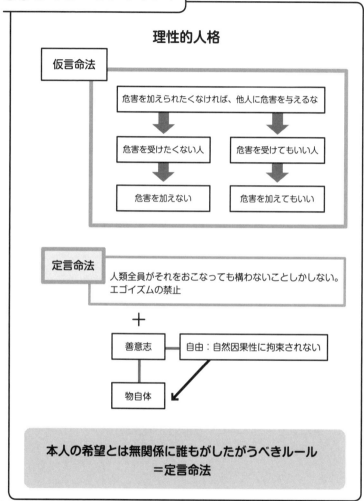

ワンポイント解説 ▶「現象界」と「叡智界」

カントは、因果律が支配する物体は「現象界」に属するが、人間には認識できない物自体は「叡智界」にあるとする。人間の自由意志は叡智界に属するというわけだ。

10 hours	**6**
philosophy	

近代の
前段階：
カント

▶ 05

『判断力批判』
ひとはなにを
望みうるか

生きていれば嫌なこともあります。そんなとき、海や満天の星、稲光などを仰ぐと、その無限の大きさや迫力に思わず見入ってしまうでしょう。だんだん気宇壮大になり、人間関係のトラブルなど些細なことで悩むのが馬鹿らしくなります。大自然や宇宙の神々しさの経験を「**崇高**」の経験とよびます。海でも雷光でも、見るからに大きく、力強いその規模に自分が追いつかず、ひたすら想像力が拡げられるがままになる状態が崇高の経験です。

崇高を経験しているとき、ひとは、全体の流れを阻害するものがなく、適切なものがしかるべき場所におかれた、宇宙全体におよぶ**合目的性**の流れに乗っています。自然を探求する際にも、こうした合目的性の流れに乗れば、すでに与えられた知識とその総体を超えて、自然全体についての方向性を示す判断が可能となるのです。

合目的性が発揮されるもうひとつの場面が**芸術**です。均整の取れたメロディーや絵画に触れると、ふだんは無秩序で、そのくせ自分では一定範囲を超えられない**想像力**（「**構想力**」）が、作品の分節や飛躍に応じて自由に拡がり、しかも、無用な混乱に陥ることがありません。それが美の経験です。なにかが美しいかどうかの判断は、したがって主観的ですが、その作品を見ればだれもが同じような状態に陥ります。美的判断は**主観的普遍性**であるとカントは言います。

美は想像力の産物なので、真偽や善悪とは無関係です（「**無関心性**」）。《モナ・リザ》のモデルがだれだったか、価格はいくらか、道徳的教訓を含むか、など、その美的価値とは関係ないのです。

30秒でわかる！ポイント

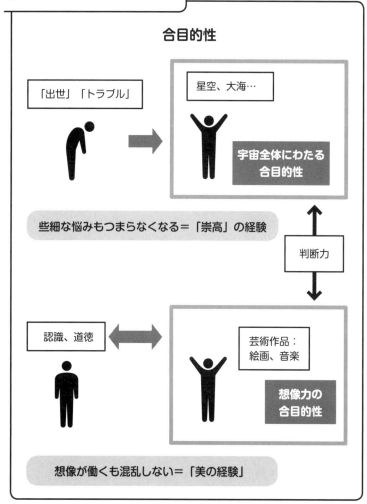

ワンポイント解説 ▸ 婦人方はカントがお好き？

カントは座談の名手で、その晩餐会は婦人達に人気だった。美学関係の『美と崇高の感情性に関する考察』は、当時、婦人達の化粧台にかならず一冊置かれていた。

10 hours
philosophy 7
近代哲学

▶ 01

近代哲学の流れ

　現在のドイツにあたる地域には永く統一国家がありませんでした。その状況を変えたのがナポレオンです。強力なナポレオン軍には他の列強が束になっても敵いません。その理由は、ナポレオン軍の兵士が、当時、常識だった傭兵ではなく、フランス**国民**だったからです。その危機感からドイツにあたる地域では、19世紀になって、プロイセンを中心に統一への気運が高まりました。

　ところでカントは、独断論と懐疑論を斥けて、大陸合理論とイギリス経験論を調停しましたが、同時に、新たな問題も生みだしました。『純粋理性批判』では認識に関わる**知性**（「**悟性**」）、『実践理性批判』では行為や善に関わる**理性**、『判断力批判』では自然や芸術に関わる**判断力**と**想像力**、という仕方で、三つの分野を別個に論じ、それぞれに関わる人間の能力を分断したため、どの分野も自由に行き来する人間としての統一、あるいは、人間が生き、暮らす実践の世界と自然との関係が説明できなくなってしまったのです。

　こうしたカントへの批判から起動したのがドイツ観念論でした。フィヒテは行為する自我を、シェリングは自然を出発点にあらゆる存在を包括する体系を構築し、ヘーゲルは、この二人はもちろんのこと、古代ギリシア以来の西洋哲学全体を、**弁証法**というツールによってとりまとめようとします。その巨大な体系は、紀元前4世紀以来のヨーロッパ哲学の頂点とも思われました。ところが、同時に進展した産業化・都市化から諸問題が噴出し、19世紀後半にはヘーゲルへの反発が巻き起こったのでした。

30秒でわかる! ポイント

近代哲学

	近代ヨーロッパ	日本
1781	カント『純粋理性批判』	1739 梅岩『都鄙問答』
1787	フランス革命	1790 昌平坂学問所
1794	フィヒテ『全知識学の基礎』	1792 子平『海国兵談』発禁
1807	ヘーゲル『精神現象学』	1798 宣長『古事記伝』
1809	シェリング『人間的自由の本質』	
1804～14	ナポレオン1世 第1帝政	
1810	フィヒテ、ベルリン大学教授	
1819	ショーペンハウアー『意志と表象としての世界』	1832 北斎『冨嶽三十六景』、1833 広重『東海道五十三次』
1844	キルケゴール『不安の概念』	1840 アヘン戦争
1870～71	普仏戦争	1868 明治維新

7

近代哲学

ワンポイント解説 ▶ 19世紀まで中世だったドイツ

三十年戦争（1618～48）はドイツを徹底的に破壊した。18世紀末、貴族に対して「文化」という価値を奉じた教養市民層が生まれ、19世紀ドイツ文化の土壌となった。

10 hours
philosophy 7
近代哲学

▶ 02

フィヒテ
やってはじめて
わかること

　頭で考えただけではさっぱりわからなくても、いざ自分がそれに
巻き込まれて苦労してみると、急にすべてが腑に落ちることがあり
ます。およそパワーハラスメントに興味がなかった中年男性も、
いったん、自分が被害を受ければ関連規則などを熱心に調べ、それ
をなくそうとするでしょう。能動的な行為と認知は実は一体です。
ところがそれをカントは見逃していたとフィヒテは批判します。

　フィヒテにとって自我はまず行為の主体です。だれでもつねに自
分が自由にできる範囲を少しでも拡げようとします（パワハラの上
司を左遷させようとする、など）。そして、必ず障害にぶつかります
（上司は重役のお気に入りだった、など）。ところが、障害にぶつかれ
ば逆に新たな認識がえられます（社内の権力相関図）。

　自我は行為し続けることによって、自我として存在するとフィヒ
テは考えます。漕ぐのをやめると倒れてしまう自転車のようなもの
です。このように、自我の存在という事実と、自我の行為が一致し
た構造を「**事行**」とよびます。

　実際、フィヒテは実践の人でした。ナポレオン戦争中の講演「ド
イツ国民に告ぐ」（1808）では、小国分立のドイツに警鐘を鳴らし、
「ドイツ人」を育成するため、自国語であるドイツ語による人間教
育の重要性を説きました。ヨーロッパの後進国だったプロイセンが
その後、唯一、もちえた強みは、実際、就学率だったのです。

　フィヒテの哲学は自由という理念を追求するものでした。「**観念
論**」（「**理念論**」）とよばれたのはそのためです。

86

30秒でわかる! ポイント

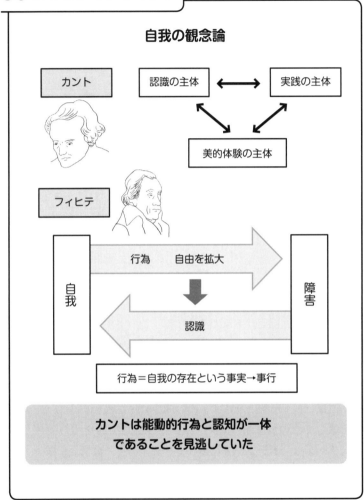

ワンポイント解説 ▶ 実は神話だった「フンボルトの理念」

ベルリン大学は、「学問の自由」「研究重視」を掲げた初代総長フンボルトの理念を元にしたとされるが、それは20世紀に作られた神話であることが最近判明した。

10 hours
philosophy **7**
近代哲学

▶ 03

シェリング
「自然に」
「おのずから」

　かつて、アリストテレスたちは世界を自然と捉えました。それを思うとデカルト、カント、フィヒテらはあまりにも自我に偏っています。だれもがすでにあった自然のなかに生まれ、生きるのなら、むしろ自然こそすべての原理ではないかとシェリングは考えました。

　19世紀は、化学や熱力学、磁気、電気、生物など、自然のメカニズムが次々に明らかになった時代です。しかも、新たに判明した自然は、デカルトが考えた、時計のような機械論的自然ではなく、さまざまな力が複雑に絡み合って成長する**有機的自然**でした。

　谷間の水流を見ればわかるように、「流れは抵抗にあわない限りまっすぐ進み、抵抗にあうと渦になる。このような渦が自然の根源的産物であり、各有機体はその例である」とシェリングは言います。蔦は壁にぶつかると瘤を作り、別なところに出口を求めます。同じように流れが抵抗にあうと、もともともっていた力がいったん凝縮し、物質として形をとります。その間、力が蓄えられると、やがて形を壊して次の展開をはじめます。こうした展開を生む潜在力をシェリングは「**ポテンツ**」とよびました。物質、電気、有機体、精神、理論学、実践哲学、芸術などすべてポテンツです。このように階層化された有機的な力が自然だとシェリングは考えます。自然は、すべてを生み出す唯一の存在、つまり**絶対的同一者**なのです。

　フィヒテの主観的観念論に対してシェリングは客観的観念論とよばれます。そのメカニズムはスピノザとも通じ、また、ニーチェや複雑系を先取りしたとも言えます。

30秒でわかる！ポイント

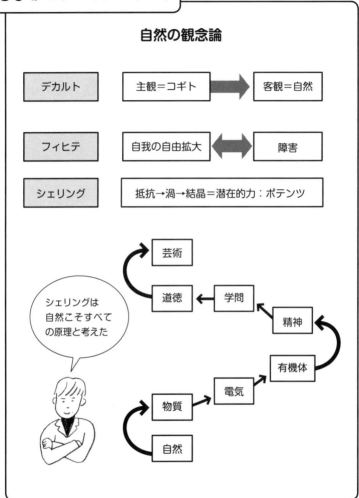

ワンポイント解説 ▶ ロマン主義の現実逃避メンタリティ

19世紀はロマン主義の時代で、シェリングもそのひとりだった。非合理や恋愛、古代・中世や異国への憧れなどを特色とするロマン主義だが、実は現実逃避の心理である。

10 hours
philosophy **7**

近代哲学

▶ 04

ヘーゲル
あらゆる対立を
解消する方法

　夫婦の意見が対立したとき、二人とも満足できる第三案が見つかればそれにこしたことはありません。休日に、海の幸を楽しみに小樽に行きたいと妻が言い、スキーができる蔵王がいいと夫が言ったら、両方楽しめる洞爺湖に行くという解決が考えられます。このように対立から新たな可能性を生むのがヘーゲルの**弁証法**です。

　妻の意見が「**定立**」、夫の意見が「**反定立**」、洞爺湖は「**綜合定立**」にあたります。綜合定立は、二人にとっての重点（食事とスキー）を温存して不要な要素（小樽、蔵王）を捨て、より上位の次元を探す操作によってえられます。この操作が「**止揚**」です。

　弁証法は哲学的にきわめて強力なツールです。過去の哲学者を見ると、プラトンの理想とアリストテレスの現実、あるいは、デカルトにおける心身二元論など、哲学に対立はつきものでした。ほかの哲学者は対立しているどちらかだけに肩入れするか、対立を放置するしかありません。ところが、弁証法は、あらゆる対立を呑み込みながら、まったく新たな統一的全体を生み出します。こうした生成運動がヘーゲルの哲学でした。

『精神現象学』では、「いま・ここ」と物体、自然法則と知性などの定立／反定立がつぎつぎと止揚され、ついには「**絶対精神**」にいたります。絶対精神とは、自然、ならびに、精神の自由の実現としての人類史、**宗教**、芸術など、すべてを含んだ全体です。

　フィヒテの主観的観念論、シェリングの客観的観念論の対立を止揚した総合的観念論と言えるでしょう。

30秒でわかる！ポイント

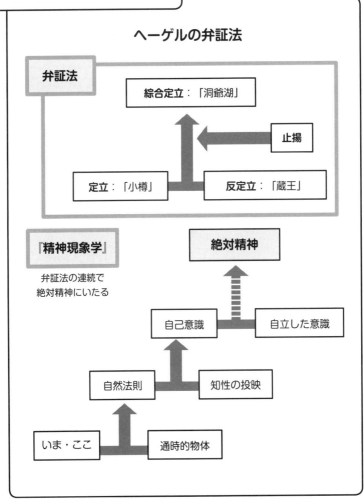

ワンポイント解説 ▶ ヘーゲルはイタリア作曲家びいきだった

ヘーゲルは音楽好きで、オペラなどを楽しむためウィーンも訪れた。ドイツを代表するベートーヴェンより、ロッシーニなどイタリアの作曲家が好みだったという。

10 hours	7
philosophy	
近代哲学	

▶ 05

ショーペンハウアーとキルケゴール自我の不安へ

　観念論はすべてを呑み込む壮大な体系かもしれません。けれども、それを読んでいる自分はただの人間です。その自分は一体どう生きればいいのでしょう。こうした視点からヘーゲルを批判する、二人の哲学者がいました。

　ショーペンハウアーによれば、経験される世界は**表象**にすぎず、あらゆる存在の根底には盲目的**意志**が渦巻いています。それは誰かの意志でも、神の意志でもありません。意志は盲目的なので、そこから生まれた世界はまったく無秩序です。各人は目的も意味もなく生まれ、矛盾に満ちた苦悩を生き、結局、挫折し、死を迎えます。

　苦悩から解放されるためには、こうした構造を直視し、自分という存在に固執するのをやめるしかありません。古代インド思想の影響を受け、カントを転倒した構図を描くショーペンハウアーの哲学は「**ペシミズム**（**厭世主義**）」とよばれました。

　キルケゴールによれば、人間のあり方には三種類あります。ひとつは「あれもこれも」と新奇で楽しいものを追い求める享楽的な美的**実存**、二つ目は「あれかこれか」を選択し、不正を指弾する苛烈な倫理的実存です。ところが、いずれも虚無感や絶望に陥り、最後は「これ」、すなわち神に対面する宗教的実存に行きつきます。

　キルケゴールによると、大衆は、成功者への妬みによって連帯し、他人との仲間意識に安住する「**水平化**」を特徴としますが、宗教的実存は他人と隔絶した「**単独者**」の道を歩みます。ハイデガーや20世紀の**実存主義**に大きな影響を与えました。

30秒でわかる！ポイント

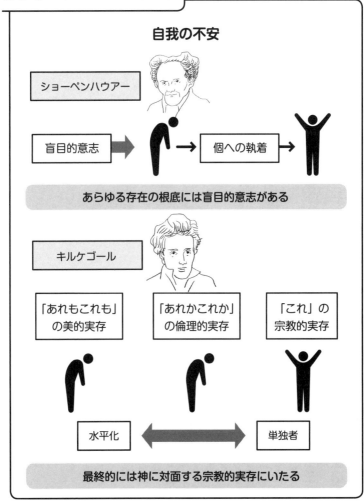

ワンポイント解説 ▶ ヘーゲル嫌いのショーペンハウアーとキルケゴール

二人ともヘーゲル嫌い。ベルリン大学講師だったショーペンハウアーは、人気教授ヘーゲルの講義時間に自分の講義をぶつけたが、出席者は5人足らずだった。

第 3 部

10 hours ⊘

philosophy

現代の哲学

第3部で
押さえておきたい
哲学用語

「疎外」

「家族のなかで父親だけが疎外されている」など、周囲の圧力によって、本来あるべき場所から追い出され、全体に参加できない状態、「仲間はずれ」になること。また、その結果、本来の自分のあり方を見失っていること。

「功利主義」

ミルやベンサムなどが唱えた倫理・政治学説。ある社会の資源や所得を配分するとき、できるだけ多くの人が、できるだけ大きな幸福をえられるようにする「最大多数の最大幸福」を目的とする立場。

「数学基礎論」

「1、2、3…」などの自然数、加減乗除の四則演算など、算数や数学の基礎となる要素がそもそもなんなのかを問う、数学の一部門。自然数を論理的に規定できるとするフレーゲ、単なる記号とルールからなる計算にすぎないとするヒルベルトなどがいた。

「偶然」／「必然」

「必然性のないストーリー」と言うと、一定の設定でその展開が生じる理由がないことを指すが、哲学では、「三角形は三つの角をもつ」「人はいつか死ぬ」など、例外なしに成立し、その反対が不可能なことが必然。だれかが「脚気になった」「赤い三角形」のように、別様でもありえることが偶然。

「両義性」

トランプのカードがハートなら、同時にスペードではありえない。このように、対立する規定が同時に成り立ちえないのが矛盾。それに対して、相対立する規定が同時に成り立つのが両義性。たとえば、両手を組んだとき、右手は左手に「触っている」と同時に左手に「触られ

ている」。ここでは相対立する規定が両立している。

「エピステモロジー（科学認識論）」

フランス独特の科学哲学。医学や物理学、生物学など個々の科学の生成過程に注目し、エントロピーや進化など、その科学の中心概念がいかに理論に取り込まれ、当の科学独自の認識構造を形成するかを実証的に解明する。「健康」は、実在する状態ではなく、医学における規範にすぎないとしたカンギレムの業績などがそれにあたる。

10 hours
philosophy **8**

近代の
矛盾

▶ 01
近代哲学から
現代哲学へ

　19世紀には、ヨーロッパ諸国によるアジア・アフリカ地域の植民地支配、産業革命が進みました。明治維新を経た日本が世界システムに本格的に参入し、普仏戦争で勝利したプロイセンがドイツ帝国となります。

　近代化の矛盾や問題も噴出し、この頃、ロンドンを訪れたマルクスは、大気汚染と人々の不健康に驚いています。17世紀の三十年戦争で荒廃し、長く中世状態にあったドイツでは、19世紀半ばの急激な**近代化・工業化・都市化**によって、精神的方向感の喪失がおこりました。

　ドイツやイギリスの哲学界ではヘーゲルの影響が顕著でしたが、その学派からは、「"神"は人間の理想を投影したにすぎないのに、それにとらわれた人間は自己**疎外**されている」と主張したフォイエルバッハがあらわれます。産業**資本主義**が他国に先駆けて進んだイギリスにはミルやベンサムらの**功利主義**が、フランスにはベルクソンが登場しました。

　とりわけ重要なのは、のちに「現代思想の三統領」などとよばれる、マルクス、ニーチェ、フロイトです。マルクスは資本主義、フロイトは人間の**無意識**と、従来の哲学から見れば外にある現象の分析を起点に、デカルトやカント、ヘーゲルらの自我中心・精神中心の哲学を否定しました。ニーチェは、ソクラテスやプラトン以来の西洋哲学、また、キリスト教の大前提を根底から転覆して、1960年代頃以降の現代思想に大きな影響を与えたのでした。

30秒でわかる！ ポイント

19世紀末の世界と哲学

	近代ヨーロッパ	日本
1840	アヘン戦争	1841 天保の改革
1845	マルクス『ドイツ・イデオロギー』執筆	1853 ペリー来航
1861	南北戦争	1867 大政奉還
1870	普仏戦争	1877 西南戦争
1885	ニーチェ『ツァラトゥストラはかく語りき』	1889 大日本帝国憲法発布
1896	ベルクソン『物質と記憶』	1894 日清戦争
1900	フロイト『夢判断』	1904 日露戦争
1914	第一次世界大戦	
1929	世界恐慌	

8

近代の矛盾

ワンポイント解説 ▶ 吊革につかまって眠る労働者

ヴィクトリア朝のイギリス（1837〜1901）は繁栄を謳歌したが、労働者は十分な広さの部屋をもてず、何人もが並び、吊革につかまって睡眠をとるような状態だった。

10 hours	**8**
philosophy	

近代の
矛盾

▶ 02

カール・マルクス
人はなぜ働くのか

コンビニがない生活はかなり不便です。小売業を支える流通機構や工場生産、銀行など、資本主義経済は現代人にとって必須です。

マルクスが解明したのは**資本主義**の構造でした。経営者はまず、工場や機械などの生産手段に投資し、商品を大量生産・大量販売する体制を整えます。商品生産をおこなうのは労働者で、労働者は自分の労働を売って賃金をえます。

一方、商品の売却益は再び設備に投資され、ますます大量に、安く商品が生産されるようになると、経営者つまり**資本家**はますます多くの利益を手にします。はじめの投資が、その何倍、何十倍もの利益を生み、金が金を生むサイクル、つまり資本主義体制がこうして完成します。**資本**とは"金を生む金"のことです。

ところでこの間、労働者は、自分が生産する商品の価格がどんどん下がるため、所得は減る一方です。こうして、労働者は資本家に**搾取**され、生産体制に**疎外**され、やがて社会主義**革命**がおこるとマルクスは考えます。

こうした考えの根底には、人間の思想や言論、法、政治、道徳、宗教などの「**上部構造**」は、生産手段、生産活動などの「**下部構造**」によって決定され、下部構造が農業生産から手工業、さらに大規模工業へと変化するにつれて、上部構造にあたる世界観も変化するという**唯物史観**がありました。「下部構造が上部構造を規定する」というこの考えは、人間を精神的存在として理解しようとする西洋哲学を根底から転覆するものです。

30秒でわかる！ポイント

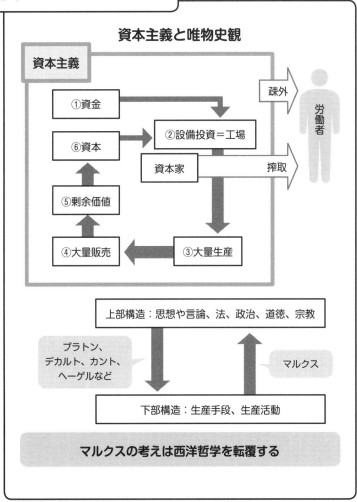

ワンポイント解説 ▸ マルクスの名言

マルクスには歴史の著述もあるが、「歴史は繰り返す。一度目は悲劇として、二度目は喜劇として」（『ルイ・ボナパルトのブリュメール18日』）という言葉は有名。

10 hours	**8**
philosophy	

近代の
矛盾

▶ 03

フリードリヒ・
ニーチェ
すべてを思い切る

　だれかが急に富や名誉を手にしたのを見るとなんとなく妬ましく
なります。そのひとに不正の臭いがあると糾弾し、失脚しようもの
ならうれしくなる、そのような妬み（「**ルサンチマン**」）から生まれ
たのが、ニーチェによれば、**善悪**など、**道徳**的**価値**なのです。

　道徳的価値ははじめからこの世にあったわけではありません。
ニーチェによれば善悪は次のように生まれました。すごく強い相手
がいたとしましょう。腕力や武力、財力、政治力など、どこをとっ
ても敵いません。悔しく、妬ましくてたまらない、そんなとき敗者
はどうするでしょう。自分たちにも勝ち目がある、新しい基準を作
ります。それが道徳です。強者を「悪」、自分を「善」とすれば、
弱者も優位に立てた気になります。溜飲が下がろうというものです。

　善悪など、道徳は弱者のルサンチマンの産物にすぎず、したがっ
て、無価値であるという考えが「**ニヒリズム（虚無主義）**」です。

　キリスト教にとっては神が善の根拠でした。神の掟にしたがうの
が善、というわけです。ところがもう、善はルサンチマンの産物と
ばれてしまいました。神という根拠は虚構とわかったのですから、
神には退場してもらわなければなりません（「**神の死**」）。

　ところで、世間がどんなに変わっても、善悪の基準が無効なので、
全体はよくも悪くもならず、同じことの繰り返しです（「**永遠回
帰**」）。なにをしても無駄、というこの絶望的な状況を受け入れるの
が「**超人**」、つまり、すべてを思い切った存在です。

　ニーチェの反哲学はキリスト教や西洋哲学全体を否定しました。

30秒でわかる！ポイント

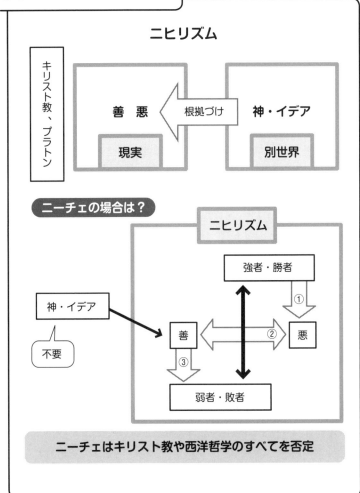

ワンポイント解説 ▶ 永遠回帰思想は突然に！

永遠回帰思想は、ニーチェ自身が考えたというよりも、ニーチェに襲いかかった思想だった。スイスの景勝地シルスマリエ散歩中にそれは起こったという。

10 hours	**8**
philosophy	

近代の
矛盾

▶ 04

ジグムント・フロイト
無意識の支配

　苦手な相手に連絡し忘れることがあります。苦手な理由をよく考えたら、昔、自分をいじめた子に似ていたからかもしれません。ムシャクシャしてかわいい小物を買ったのは、友達に褒めてもらいたかったからでした。 —— すべての背後にあるもの、それが**無意識**です。昔のいじめっ子や当時の心の傷（「**外傷（トラウマ）**」）はたいていすっかり忘れられ、封印され、「**抑圧**」されています。似た相手とあうとトラウマが刺激され、再起動しますが、記憶は抑圧されているため、無意識の回路しか働かず、その結果、本来、まったく無関係な相手への苦手感だけが生まれることになります。

　小物を買うのは**ナルシシズム**（自己愛）のせいです。だれでも自分を愛していますが、たいてい、実際に愛しているのは、ありのままの自分ではなく、もっと望ましい自分、「**理想自我**」です。鏡を見るときや、写真にうつるとき、思わずポーズをとるのは、少しでもその理想に近づきたいからです。

　ナルシシズムの種は乳児期にあります。乳児ははじめ、母親との一体化を欲望し、父を憎みます（「**エディプスコンプレックス**」）。ところが、やがて、父親に敵わないことがわかって、欲望を否定し（「**エス**」）、父親を内面化して「**超自我**」とし、そのしつけ（**規律**）にしたがって、両親にとってのいい子という理想自我になろうとします。こうしてナルシシズムの種が仕込まれるのです。

　自分の考えは自明で、自分の主人は自分だけとするデカルト、ロック以来の常識を、フロイトの無意識は打ち破ったのでした。

30秒でわかる！ポイント

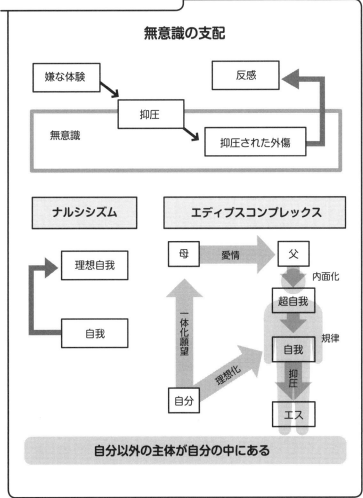

ワンポイント解説 ▶ エディプスとは？

エディプスは、テーバイ王の子だが辺境で育ち、それと知らずに父王を殺し、テーバイの苦境を救って前国王妃である自分の母と結婚した、ギリシア神話の人物。

10 hours	**8**
philosophy	

近代の
矛盾

▶ 05

ベルクソン
生命の跳躍

時間とはなんでしょう。

物理学の教科書には、瞬間が直線上にならぶグラフがでてきます。時計の時刻や四季は円で描かれます。このイメージだと、すべての瞬間は同時に存在し、全体は動きません。けれども、現実に、**過去**はすでになく、**未来**はまだなく、**今**はすぐなくなります。時間は流れ、各時点はけっして同時に存在しません。こうした流れる時間に注目したのがアウグスティヌスやフッサールでした。

ベルクソンはさらに別な構造に注目します。ワルツの2拍目は、1拍目の後、3拍目の前だから「2拍目」です。谷村新司《昴》の「われは行く〜」という「サビ」は、抑えめなAメロ、Bメロの後だから盛り上がります。その都度の今の内容は、過去の今の内容によって可能となり、次の今の内容に浸透します。こうしてすべての瞬間が融けあったリズムやメロディーの全体がその都度の今に映し出されます。人の一生や自然、宇宙の時間も同じです。誕生以来の全時点あっての今であり、今は次の今へと浸透し、過去はなくなるわけではなく、いつでもそこにあります。こうした時間をベルクソンは「**純粋持続**」とよびました。

純粋持続としての生物の進化では、たとえば、ホタテ貝の視覚受容器など、それ以前にはその萌芽すら見られなかった器官が突然生まれることがあります（**生命の跳躍（エラン・ヴィタール）**）。

ベルクソンの考えは、シェリングやニーチェ以来の生命の哲学と言え、ドゥルーズなどに継承されました。

30秒でわかる！ポイント

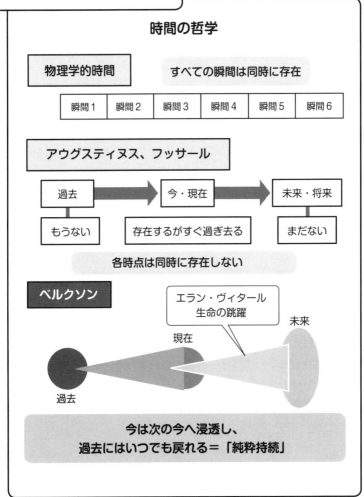

ワンポイント解説 ▶ ノーベル文学賞と哲学者

残念ながらノーベル哲学賞はないが、ベルクソン（1927）のほか、ルドルフ・オイケン（1908）、ラッセル（1950）、サルトル（1964、辞退）が文学賞を受賞した。

現象学・実存への問い

▶ 01

10 hours
philosophy 9
20世紀哲学
の三潮流 I

　20世紀は、相次ぐ戦争の世紀でしたが、その一方で、19世紀後半以降台頭してきた自然科学や科学技術がますますその存在感を強めた時期でもありました。

　こうしたなか、20世紀の哲学は、科学を積極的に肯定する英米の言語分析哲学、科学や戦争によって脅かされる人間存在の意味を追求するドイツ、フランスの現象学や実存哲学、従来の哲学とは、まったく新たな地平へと突破口を求めるフランスの構造主義やポスト構造主義という、三つの潮流にわかれました。そのうち、本章は第二の潮流である現象学や実存哲学をあつかいます。

　19世紀後半になると、客観的な自然科学を前に、ヘーゲルのような壮大な思弁は説得力を失い、人文社会科学や自然科学の正当性や限界を巡る議論が同時多発的にあらわれました。認識のあり方に関する冷静な分析のためにカントに回帰した**新カント派**、ヒルベルトなど**数学基礎論**、フレーゲなど**論理学**の基礎を巡る議論がそれにあたります。

　こうした土壌からフッサールの**現象学**が生まれました。そして、実存に着目したハイデガーやサルトル、心理学などをもとに知覚や身体を具体的に分析したメルロ＝ポンティ、さらに、絶対的他者にもとづく倫理を提唱したレヴィナスなどが続きます。

　認識・行為・主体の分析を糸口に、世界そのものの構造を綿密に分析し、さらには存在の意味へと迫ろうとする人々でした。

30秒でわかる! ポイント

現象学・実存主義の歴史

	近現代ヨーロッパ	日本
1870	普仏戦争（～1871）	1868 明治元年
1913	フッサール『イデーン』、ロシア・バレエ団《春の祭典》初演	1912 大正元年
1914	第一次世界大戦（～1918）	
1927	ハイデガー『存在と時間』	1920 国際連盟加入、常任理事国
1929	世界恐慌	1923 関東大震災 1926 昭和元年
1933	ナチスドイツ政権	
1939	第二次世界大戦（～1945）	
1945	メルロ＝ポンティ『知覚の現象学』	
1946	サルトル『実存主義とは何か』	1946 日本国憲法公布 1950 朝鮮戦争
1960	ガダマー『真理と方法』	
1973	ハーバマス『公共性の構造転換』	

9

20世紀哲学の三潮流Ⅰ

ワンポイント解説 ▶ 明治以降の日本の哲学研究

明治以降、多くの日本人哲学研究者が渡欧し、次々に消化・紹介したのが、新カント派や現象学など、当時最先端の哲学だった。

109

10 hours	9
philosophy	

20世紀哲学
の三潮流 I

▶ 02

フッサール
経験の構造

　野鳥観察をしていたら、川辺の藪のなかに茶色い影が見えたとします。カルガモです。ところが、近づいてみると動きません。デコイでした。ところが、もっと近づくと、奇妙な時計音が聞こえます。テロリストの爆弾だったのです。

　その都度、どのように見えたり、聞こえたりするか、つまり、どのようにあらわれてくるかによって、なにが見えているかは変わります。また、それが間違いなくカルガモだと言えるために必要な条件は、見かけだけでなく、行動パターンや内臓構造など、無限にあるので、どんなに観察しても、あとから意外な側面があらわれて、実は別なものだったことが判明する可能性は排除できません。検証作業が終わるときはけっして来ないのです。

　あらわれ方が変化しながら組織化され、ひとつの対象の知覚となるメカニズムを「**現象**」とよびます。その分析によって「なにかが存在すると言えるのはなぜか。どのような知覚構造が必要か」を明らかにするのが**現象学**です。

　モノは、だれも見ていなくても存在するというのが自然な想定です。ところがこの想定（「**自然的態度**」）を活かしておくと、「なぜか」という問いに、「そこにモノがあるからだ」と答えて終わってしまいます。それでは現象学ははじまりません。この想定の回路を切って、視線を現象に連れ戻す操作が「**現象学的還元**」です。

　現象学は、理屈や理念ではなく、詳細な具体的分析によって自分が世界のなかにいることの意味を明らかにする試みと言えます。

110

30秒でわかる！ ポイント

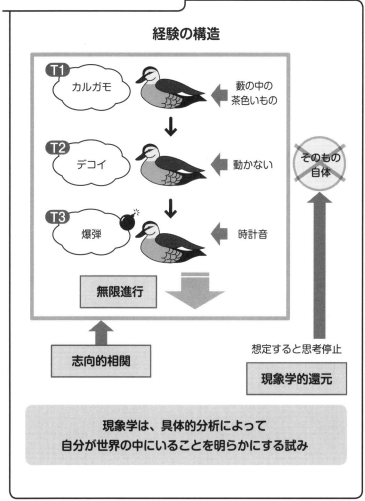

ワンポイント解説 ▶ 日本の哲学と縁の深いフッサール

フッサールの下でも多くの日本人哲学者が学んだ。ユダヤ人だったためナチス政権下で大学から追放された後、フッサールは日本の雑誌『改造』に寄稿したこともある。

| 10 hours |
| philosophy **9** |
| 20世紀哲学 の三潮流 I |

▶ 03

ハイデガー 自分本来のあり方

　毎日、忙しいと、ふと、これが本当の自分なのか、不安になることがあります。企業戦士として活躍している自分も、所詮、歯車にすぎないのではないだろうか、と。

　実際、日常の自分は、つねに**交換可能**だ、とハイデガーは言います。たとえば、冬の日にあたたまりたくなって、野菜を切り、豚汁を作っても、そこに突然の来客があれば、その豚汁を供するしかありません。本来、「かけがえがない」はずの自分はないがしろにされてしまいます。通算4000本安打の天才打者や名ピアニストは交換こそできませんが、だれもがなれるわけではありません。だれでもできて、しかも、他人が代われないことなどあるのでしょうか。

　それは自分の死を死ぬことだとハイデガーは言います。自分の死は自分で引き受けるしかなく、誰にも代わってもらえません。しかも、だれもが例外なく「**死への存在**」です。自分の死と向き合うとき交換不可能な本来の自分を回復することができるのです。

　しかし、実は、それも一瞬のことです。将来の死は自分の存在を失うことです。そもそも自分は、根拠も理由もなくいつの間にかこの世にいました。今の自分は本来の自分ではありません。過去・現在・将来、どこを見ても**無**に囲まれて浮遊し自分を失っている存在、それが自分なのです。

　自分を取り囲む無を、後年のハイデガーは、すべての存在者を取り囲み、その存在を贈ってくれる「**存在**そのもの」と読み替えていくことになります。

30秒でわかる! ポイント

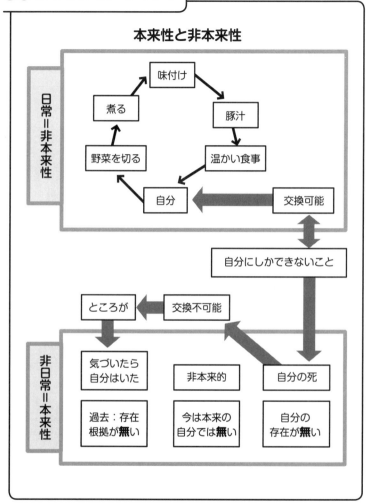

ワンポイント解説 ▸ ハイデガーの恋

弟子のハナ・アーレントと恋愛関係にあった。アーレントはユダヤ人だったためアメリカに亡命。主著『全体主義の起源』『精神の生活』は日本でも影響力が強い。

10 hours philosophy 9
20世紀哲学の三潮流 I

▶ 04

サルトル
自分のあり方の選択

　伝統職人である親の後を継ぐか、大学に進学して企業人になるか迷っている高校生がいたとします。親は、干渉するつもりはありません。選ぶのは本人です。その選択は、その人が、伝統職人としての一生を送るか、企業人としての一生を送るかの選択、つまり、その人が結局、「なにもの」なのか、本人の**本質**を決める選択です。

　だれでも、気づいたときにはつねにすでに現実に存在しています。すなわちだれもが「**実存**」です。しかし、それだけではその人の本質は未定だとサルトルは考えます。自分の本質は自分で決めなければなりません。その決断が「**実存的決断**」です。

　この考えは、古来の西洋哲学の常識を覆すものでした。プラトンならイデア、キリスト教なら神の考えがまずあって、そのあと動植物や人間が生まれたことになっていました。その場合、イデアや神の考えなどの「本質」が個物の「存在」より先にあります。サルトルはこの前提を転覆し、「実存は本質に先立つ」と述べました。だれもがまず実存として生きており、そのあり方は自分が決めるという考えが「**実存主義**」です。

　ところで、自由になんでも決められるのは、一見、好ましく見えますが、実はそうでもありません。指針も助けもなしに、自分を生涯拘束する、重要な決定を自分だけで下すのは厳しいことです。「人間は自由の刑に処せられている」とサルトルは言うのでした。キルケゴール、ハイデガーらの実存哲学の系譜に属します。第二次世界大戦直後の不安と希望に満ちた時代に世界的な支持をえました。

30秒でわかる！ポイント

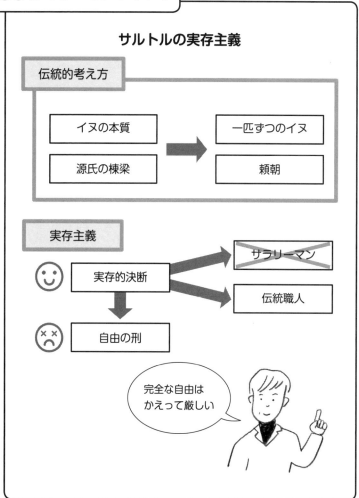

ワンポイント解説 ▶ 多彩な才能

サルトルは『嘔吐』などの小説、『出口なし』などの戯曲も執筆した。恋人のシモーヌ・ドゥ・ボーヴォワール、メルロ＝ポンティ、カミュらとの交遊は有名。

10 hours	9
philosophy	

20世紀哲学
の三潮流 I

▶ 05

メルロ＝ポンティ
身体的実存

　手や脚がなければパソコン操作はおろか、歩くこともできず、目や耳がなければ見ることも聞くこともできません。胃腸から摂取した栄養で脳は活動し、空腹がすぎると頭も止まります。身体なしに生きるのは不可能です。

　にもかかわらず、プラトン以来の西洋哲学は身体を無視し続けました。**身体**をはじめて分析したのはメルロ＝ポンティです。しかも、その分析成果は驚くべきものでした。

　ふつう、自分の身体の境界は皮膚であり、皮膚の内側にあるのが身体だと思われています。しかし、視覚障害者の白杖は、感覚器官の延長です。身体は皮膚の外側にまで拡がるのです。

　身体は頭で操作するものと考えがちですが、それも違います。自転車でカーブを曲がるとき身体を倒しますが、いつ、どの角度で倒すかは、カーブの大きさや速度ごとに変わり、計算で割り出そうとするとコンピューターを使っても数時間かかります。しかし、実際には、計算しなくても、身体は勝手に動き、曲がっています。状況ごとに必要な動きは、身体が**自発的**に処理してくれるので、ひとは知的活動に専念する自由をもちます。だれもが**身体的実存**です。

　身体的実存は**偶然**を**必然**に転換します。事故で右腕を失うと左腕で暮らさざるをえません。事故は偶然ですが、左腕だけで暮らさなければならないのは必然です。ここでは、偶然と必然という相対立した規定が両立しています。これを「**両義性**」とよびます。現象学のほとんど唯一と言っていい具体的展開と言えます。

30秒でわかる! ポイント

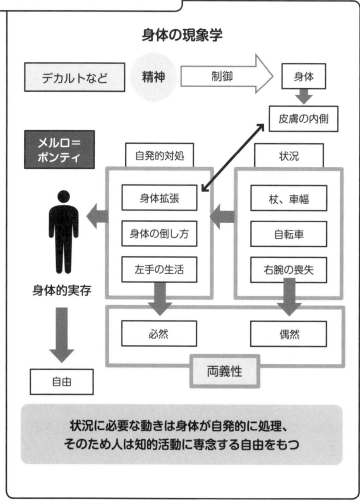

ワンポイント解説 ▶ 哲学が美術に影響を与える

周囲の物体や他の身体と、自分の身体との関係に関する緻密な分析は哲学以外、とりわけ1970年代のアメリカ合衆国の美術に大きな影響を与えた。

科学と言語

10 hours
philosophy **10**
20世紀哲学
の三潮流 Ⅱ

▶ 01

20世紀は、風力に代わって蒸気機関で動く大型船舶が、ガス灯に代わって電気照明が普及するなど、それまで生活現場とは無関係だった科学が技術に反映され、実生活に応用されはじめた時代でした。

それに応じて、物理学や天文学といった自然科学の本性をさぐり、科学的推論に不可欠な言語や論理、数学のあり方を問う哲学が生まれます。

イギリスには、中世末期に登場したオッカムのウィリアムらにはじまり、ロックなどにいたる経験論の伝統がありました。20世紀に入るとそれに加えて、論理分析などを駆使した、さまざまな哲学が生まれ、**英米系言語分析哲学**とよばれます。

その土台を築いたフレーゲやラッセル、初期ウィトゲンシュタインなどは、主として**論理学**や**数学**のあり方を分析しました。

カルナップなど、**ウィーン学団**とよばれる人々は、論理分析と経験論的実証主義を結合して、科学を基礎づける「**論理実証主義**」を提唱します。

一方、後期ウィトゲンシュタインやオースティン、ライルなど、日常言語の用法分析によって、さまざまな哲学的問題を解消しようとした人々は「**日常言語学派**」とよばれます。

クワインは、科学的知識に関する「**プラグマティズム**」を提起し、また、クーンに代表される**科学哲学**は、科学が自然の鏡ではなく、むしろ社会的事情に左右されることを明らかにしました。

30秒でわかる！ ポイント

英米系言語分析哲学の歴史

1861	南北戦争（〜1865）	1868 明治元年
1900年代	電気、蒸気機関などの普及	1912 大正元年
1914	第一次世界大戦 （〜1918）	
1922	ウィトゲンシュタイン 『論理哲学論考』	1920 国際連盟加入、 常任理事国
1928	カルナップ 『世界の論理的構築』	1926 昭和元年
1939〜	第二次世界大戦 （〜1945）	
1949	ライル『心の概念』	1946 日本国憲法公布 1949 湯川秀樹 ノーベル賞
1951	クワイン 「経験主義の二つのドグマ」	
1953	ウィトゲンシュタイン 『哲学探究』刊行	
1955	オースティン 「言葉でなにかをする方法」	1956 国際連合加盟

10

20世紀哲学の三潮流 Ⅱ

ワンポイント解説 ▶ アメリカが文化国家となった理由

ドイツなどには無数のユダヤ系知識人がいたが、ナチス政権のため多くが大西洋を越えて亡命し、大戦後、アメリカ合衆国が欧州をしのぐ文化国家となる土壌となった。

10 hours	**10**
philosophy	

**20世紀哲学
の三潮流Ⅱ**

▶ 02

カルナップ
「非科学的」とは？

「心霊科学」や「超常現象」「集合的無意識」「ホメオパシー」など
は「科学」と自称していますが、本当に科学なのでしょうか。**科学
と非科学**を分ける基準を探すのがカルナップの課題でした。

物理学など、通常の科学理論は、「自由落下の法則」などの自然
法則からできています。その法則を発見しようとしたガリレオ・ガ
リレイはまず、「落下速度は、落下開始からの経過時間に比例する」
という「**仮説**」を立てました。そうだとすると、落下物は「1秒後
に1、2秒後に3、3秒後に6の距離にある」はずです。ところが、
実際に計測するともっと落下していました。仮説は誤っていたこと
になります。そこでガリレイは「落下速度は経過時間の二乗に比例
する」という第二の仮説を立てます。その場合、落下物は「1秒後
に1、2秒後に5、3秒後に14の距離」にあります。実験すると、
今度は予想通りとなり、その結果、「物体の落下速度は経過時間の
二乗に比例する」という法則が確立されました。

このように、仮説の真偽と、実験・観察・観測結果との間に一対
一対応があることによって、科学的理論の客観性は確保されます。
実験結果が予想通りなら仮説は正しく、予想と違えば、仮説が誤っ
ていたことになる、というわけです。

いくら「科学」と自称していても、実験・観察・観測結果と対応
しない「法則」や「仮説」を含むものは「非科学」的です。

実験などの結果との対応、また、基本的な論理操作のみを、科学
の基準とする立場が「論理実証主義」です。

30秒でわかる! ポイント

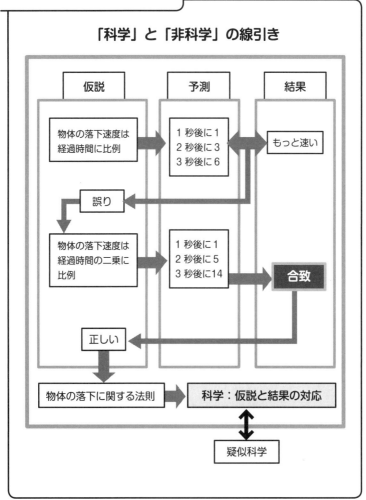

ワンポイント解説 ▶「線引き」問題

科学と非科学との線引きは、ロックやカント以来の近代哲学の伝統的課題である。ちなみに、カルナップが非科学の典型としたのはフロイトとマルクスだった。

10 hours philosophy 10

20世紀哲学 の三潮流 II

▶ 03

クワイン 科学は実用の 道具である

待ち合わせに相手が来ないことがあります。携帯番号もわかりません。自分か相手が場所か時間を間違えたのか、または事故があったのか、失敗の原因は無数に考えられ、不安は膨らむばかりです。

実は科学者も同じ状況に陥るとクワインは考えます。ある天文学者が水星を観測するとその位置が、予め軌道計算した予想とずれていました。軌道計算をするには、ニュートン力学、惑星間の距離、質量、惑星数など、多くの仮説や**補助仮説**が必要です。そのうちひとつでも違っていれば計算は失敗します。ところが、失敗とわかっても、どこが違っていたかはわかりません。カルナップの言う、仮説と結果の一対一対応は成り立たず、計算に使われた仮説や補助仮説のどれもが改訂されうるのです（「**全面的改訂可能論**」）。科学命題は単独ではなく、絡み合った全体としてのみ検証されうるというこの考え方を「**ホーリズム（全体論**）」とよびます。

その天文学者は水星軌道に影響する未知の天体があるとしましたが、実際には、アインシュタインの相対性理論によって水星軌道のずれは説明されました。彼は、ニュートン力学を否定しなければならなかったのです。とはいえ、ニュートン力学のような、学問の基本ではなく、些細な前提を否定してその場をしのぐ、このやり方は科学者としては実は自然です。基本法則を否定すると，学問自体が成り立たなくなるからです。逆に、科学は、人々のコミュニケーション、自然現象の説明という実用の道具にすぎないことになります。このような考えを**プラグマティズム（実用主義**）とよびます。

30秒でわかる！ポイント

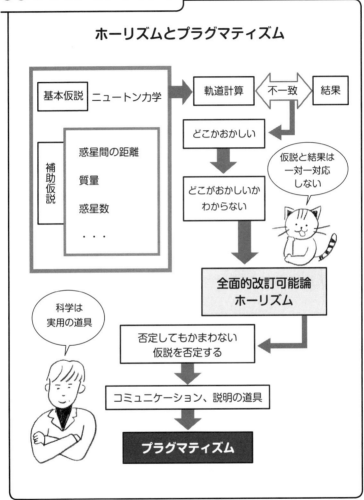

ワンポイント解説 ▶ 補助仮説否定の成否

天文学者とはフランスのルヴェリエだ。かれは海王星軌道のずれから天王星の存在を予言し、的中した。一方、水星軌道のずれは相対性理論を確証する現象だった。

10 hours
philosophy 10

20世紀哲学
の三潮流Ⅱ

▶ 04

ウィトゲンシュタイン
言葉を「使う」とは
どういうことか

工事現場で「棒、五本」と声が飛べば、助手が五本の棒を運んできます。在庫検査中の倉庫なら、数字が記録されるでしょう。状況ごとに行為のルールは異なります。犯罪捜査で相手の言葉を疑うのは当然ですが、母親が、腹痛を訴える子どもの言葉を疑いはじめたら育児はできません。科学実験や会議、謝罪など、それぞれ異なるルールをもつ状況が日常生活には無数にあり、それをウィトゲンシュタインは**生活形式**とよびました。生活形式ごとに、そこで用いる言葉の使い方のルール、**言語ゲーム**も違います。

ところが、否定の言葉だった「やばい」がいつの間にか肯定の意味になるように、言語ゲームのルールに必然性はなく、言語ゲームの「本質」を規定することもできません。「技法」という語は、テニスとチェスではまったく違うものを指し、同じく「ゲーム」といっても、サッカーとトランプのひとり遊びではまったく異なるからです。みな同じ名字でよばれる家族でも、父と息子は鼻は似ているが顎が違い、娘と母は目は似ているが鼻が違う、など、互いにどこか似ているだけで、すべてのメンバーに共通の特徴はありません（**家族的類似**）。「ゲーム」も同じことで、互いにどこか似ていれば「ゲーム」とよばれますが、そのメンバーすべてに共通の特徴、すなわち「ゲーム」の本質があるわけではないのです。

プラトン以来、同名のものは本質を共有するという**本質主義**が当然でしたが、それをウィトゲンシュタインは言語の分析によって否定しました（**反-本質主義**）。これはデリダの**脱構築**とも連動します。

30秒でわかる! ポイント

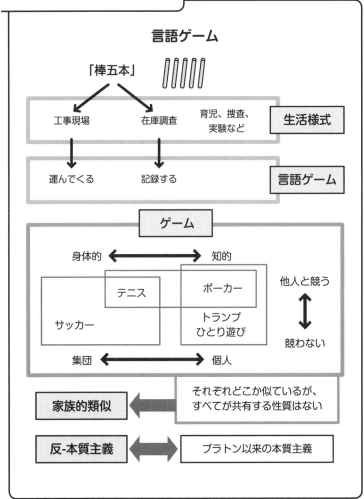

ワンポイント解説 ▶ B級映画を好んだウィトゲンシュタイン

ウィーン名家出身で、兄パウルは高名なピアニスト。第一次世界大戦従軍中の塹壕で主著『論理哲学論考』を執筆。煮詰まるとB級映画を最前列で見るのを習いとした。

10 hours	**10**
philosophy	

20世紀哲学
の三潮流Ⅱ

▶ 05

ライル
哲学の難問は言葉の
誤用から始まる

　哲学は、頭をぎりぎりふり絞る知的活動です。しかし、考えるためには言葉を用います。そして、言葉に誤用はつきものです。

　そのひとつが「**カテゴリー錯誤**」です。大学というものをはじめて訪れ、講義棟や図書館、運動場、事務室など、案内してもらった人が「で？　大学はどこにあるんですか」と尋ねたとします。たしかに高校なら、校舎がその高校の場所かもしれません。しかし、「大学」は建物の名称ではなく、教授や事務員、学生などからなる組織の名称です。名詞の指示対象が属するのが、いつでも、目に見える建物というカテゴリーというわけではなく、目に見えない組織という別のカテゴリーでもありうることがこの人にはわかっていません。

　ライルによれば、デカルト以来の**心身問題**は「カテゴリー錯誤」からおこった見せかけの問題にすぎません。デカルトの誤りは、「知的だ」「誠実だ」といった特徴の原因となるなにかを想定し、それを「心」と名づけた点にあります。長く潜水できる、酒に強い、などの原因は肺や肝臓にあります。しかし、暗算が得意、子どもにやさしい、といったことの原因を身体のなかのなにかに求めることはできません。やさしさなどは、ふるまい方の総称という別種のカテゴリーに属するからです。両者を混同するのがカテゴリー錯誤です。デカルトにとって身体は機械でしたが、「心」は、「**機械のなかの幽霊**」にすぎず、ひとまとまりのものとしては存在しないのです。

　言葉の用法分析から、心身二元論という哲学的難問を解決するのではなく、解消する、「オッカムの剃刀」現代版と言えるでしょう。

30秒でわかる！ポイント

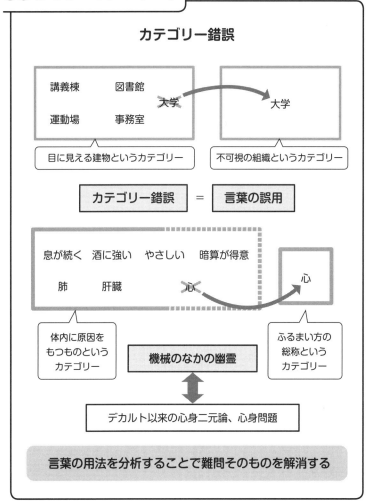

ワンポイント解説 ▶ ライルの同僚

オックスフォードでの同僚 J.L. オースティンは、「暑い」が、部屋の温度の記述ではなく、窓を開けるよう依頼、命令する行為であるという「言語行為論」を提唱した。

フランス現代思想

10 hours
philosophy 11
20世紀哲学
の三潮流 Ⅲ

▶ 01

　1930年代には、ヘーゲル、フッサール、ハイデガー、また、カント、マルクス、ニーチェ、フロイトといったドイツ系哲学の影響下にあったフランス哲学でしたが、第二次世界大戦後、大きく様変わりします。

　スイスの言語学者ソシュールによる言語研究を受けて、レヴィ=ストロースは文化人類学に「**構造**」分析を導入しました。人間が構造の一項にすぎないとする彼の主張は**構造主義**とよばれ、ラカンの**精神分析**、ジュネットやバンヴェニストの**テクスト分析**など、あらゆる分野に拡大され、一世を風靡します。

　バシュラールやカンギレムなどの「**エピステモロジー**（科学認識論）」はフランス独自の科学哲学ですが、フーコーなどの仕事を準備しました。

　1968年、「五月革命」がおこると、ドゥルーズ／ガタリ『アンチ・オイディプス』は一般読者に大きな影響を与え、フーコーは、哲学よりも、歴史学や文化人類学、社会学などに、デリダの「脱構築」は、文学や歴史、法学などにも影響を与えました。

　近代（モダン）の終焉を唱える「**ポスト・モダン**」の議論は、当初、建築の分野からはじまりましたが、リオタールなどにより、近代批判一般へと拡大されます。

　熱力学などの分野からおこった「**複雑系**」の理論など、現在なお論議をよんでいるさまざまな、ギリシア以来の哲学の問いや概念を超えた「**現代思想**」の登場です。

30秒でわかる! ポイント

フランス現代思想の歴史

	現代フランス	日本
1906	ソシュール「一般言語学講義」（〜1911）	1904 日露戦争
1945	第二次世界大戦終結	1946 日本国憲法公布
1949	ボーヴォアール『第二の性』	1949 湯川秀樹ノーベル賞
1950	ギブソン『視覚世界の知覚』	
1953	ラカン、セミネール開始	
1953	バルト『零度のエクリチュール』	
1955	ベトナム戦争（〜1975）	1956 国際連合加盟
1961	レヴィナス『全体性と無限』	
1962	レヴィ＝ストロース『野生の思考』	
1966	フーコー『言葉と物』	1964 東京オリンピック
1967	デリダ『エクリチュールと差異』	
1968	五月革命	
1972	ドゥルーズ／ガタリ『アンチ・オイディプス』	1973 石油危機（第一次）
1975	フーコー『監獄の誕生』	
1978	サイード『オリエンタリズム』	
1979	リオタール『ポスト・モダンの条件』	1979 石油危機（第二次）
1979	プリゴジン『混沌からの秩序』	

11

20世紀哲学の三潮流Ⅲ

ワンポイント解説 ▶ 戦後の知的世界をリードしたフランス

戦後直後、サルトルらの実存主義、1970年代以降の構造主義、ポスト構造主義、脱構築など、フランスは、第二次世界大戦後の知的世界にあってつねに震源地だった。

129

10 hours
philosophy 11
20世紀哲学
の三潮流 Ⅲ

▶ 02
ソシュール
言葉は押し合い
へし合いしている

「やばい」はかつて否定の言葉でしたが、いまでは肯定の言葉でも
あります。こうした語義の変化はどのようにおこるのでしょう。

「義経」は個人の名前です。では「右」はどうでしょう。 "右" と
いう個体や概念はありません。「右」は「左の反対」であり、「左」
との差違を示す「**示差**」によってのみその意味が決まります。それ
はどの語についても同様で、各国語（「**ラング**」）は「**示差の体系**」
だとソシュールは言います。

かつて下駄と雪駄は区別されていましたが、今では雪駄も「下駄」
とよばれます。「雪駄」との示差によって決まっていた「下駄」の
意味範囲、概念が、「雪駄」の消滅とともに拡がったのです。おし
くらまんじゅうをしていると、他の人たちとの力関係で自分の居場
所が変わるようなものです。

「下駄」など「記号」の、見たり聞いたりできる側面（「ゲタ」）を「**シ
ニフィアン**（表すもの、能記）」、意味範囲・概念に当たる側面を「**シ
ニフィエ**（表されるもの、所記）」とよびます。金箔を拡げると、表
も裏も拡がりますが、シニフィアンとシニフィエも表裏一体で伸縮
します。その伸縮は、現実の言語活動（「**パロール**」）において生じ、
それにともなってラングも変動します。両者の根底にある言語能力
が「**ランガージュ**」です。

意味や概念を固定した実体としてではなく、パロールという現実
の言語使用のなかで柔軟に変化する示差の体系とするソシュールの
洞察が、構造主義のヒントになりました。

130

30秒でわかる！ポイント

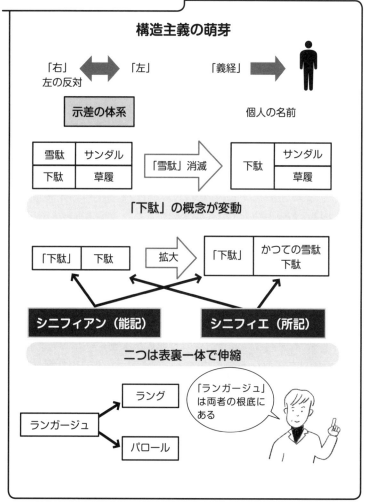

ワンポイント解説 ▶「シニフィエ」と「シニフィアン」

シニフィエは、動詞 signifier（「表す」）の過去分詞形で受動をあらわす sigifié。「所」は「所用」と同じく受身。能動をあらわす現在分詞形 signifiant がシニフィアン。

10 hours
philosophy 11
20世紀哲学
の三潮流 III

▶ 03

レヴィ＝ストロース
人間は構造の一項

　親類や家族とどう交際するかについて、**無文字社会**（「未開社会」）には厳密なルールがあります。

　部族Aで、子は両親と、母は自分の兄弟と一緒に行動しますが、夫（父）と妻（母）、子と**母方のおじ**は行動をともにしません。部族Bでは、子がおじと、父が母と親しくしますが、母とその兄弟、親と子どもは疎遠です。「親／疎」の対立が、部族AとBとでは関係ごとに逆転（「**変換**」）されているのがわかります。このように対立が変換することによって複数の組み合わせを生みだすのが「**構造**」です。親族関係についてそのパターンは４種類しかありません。

　母方のおじは、母の出身家族の代表で、おじとの親疎（しんそ）は、当該の女性や子どもが母方、父方、どちらの家系に属すかを意味します。部族Aでは、子が父系のものになりますが、女性は出身家系に戻ります。一方、部族Bでは、女性が父系に譲られますが、子どもは母系の跡取りとなります。女性と子孫の交換システムが、ひとつの部族内で家族ごとに異なると、静（いさか）いの種になりますが、部族内で統一されることで、どこかの家系に偏ることなく部族全体が均衡するシステムが生まれるわけです。

　レヴィ＝ストロースは、こうして、いわゆる「未開社会」にも合理的構造があることを示して、**欧米中心主義**を批判する一方、人間が、本人にも把握できない構造の一項としてのみ存在し、その行動が規制されていることを示すことによって**人間中心主義**を否定しました。

30秒でわかる! ポイント

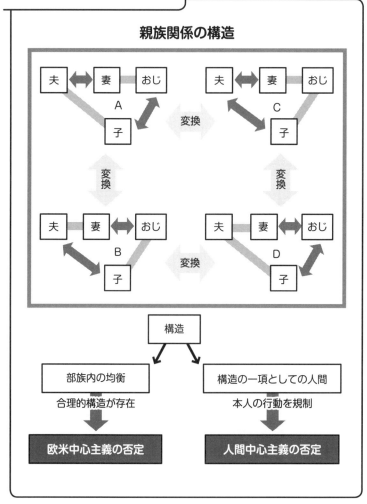

ワンポイント解説 ▶ 親日家だったレヴィ=ストロース

1977年以来5回来日した親日家で、幼少期から広重などの浮世絵、また、晩年には日本古楽に魅了されたという。日本についての講演は『月の裏側』にまとめられている。

▶ 04
ラカン
虚焦点としての
わたし

10 hours
philosophy **11**
20世紀哲学
の三潮流 Ⅲ

「自分探し」という言葉があります。ところが、「自分」を探して、自分のなかにいくら深く潜りこんでも、結局、なにも見つかりません。その原因は自我が形成されるメカニズムにあります。

　乳児にとって、統一された自我というものは存在しません。その都度、母親の乳房が口に触れ、母乳が口中にほとばしる触感、空腹の苦痛や排泄の欲求、背中の痛みなどが、てんでの場所に断片的にあらわれては消えるにすぎないのです。乳児は「**寄る辺なき存在**」です。

　自分の輪郭さえはっきりしないため、乳児は母親と未分のままに溶け合い、自分が母親を欲望するように、母親も自分を欲望するよう望みます。ところが、母親の欲望は自分ではなく父に向かっており、しかも、父は、自分が母親を欲望することを禁じています。

　そのことに気づいた子どもは、父親（A）が望む「いい子」（a）となって、自分が想像する母親（a'）との関係を結び、もともとあった自分の欲動（S）はなかったものとして隠蔽、抑圧します。

　それをあらわすのが「**シェーマL**」です。抑圧された欲動Sはフロイトの「**エス**」に、全体を発動するAは「**超自我**」に、aは「**自我**」にあたります。フロイトにおいてはまだ主体として確保されていた自我は、もはや、シェーマLという構造において、他項との力学によって形成されるものでしかありません。自分のなかにいくら深く潜行しても、なにも実質的なものが見つからないのはそのためです。

30秒でわかる！ポイント

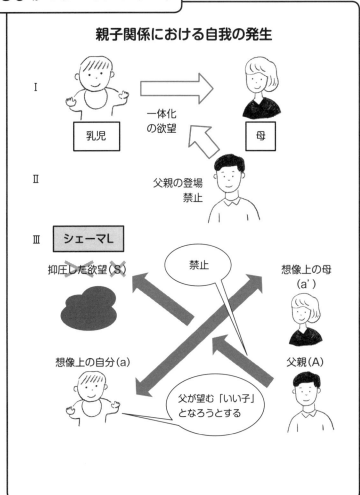

ワンポイント解説 ▶ ソーカル事件

数式を多用したラカンの著作は、アラン・ソーカルがフランス思想家の数式の濫用を批判した『知の欺瞞』の標的のひとつとなった。

10 hours philosophy 11

20世紀哲学
の三潮流 Ⅲ

▶ 05

ロラン・バルト
記号に取り囲まれた
存在

「松田聖子」はただの人名ではなく「永遠のアイドル」です。彼女が歌った《風立ちぬ》は失恋の曲ですが、1980年代を象徴し、堀辰雄を連想させ、その声とメロディーで聴く者をうっとりさせます。

どの**記号**も多層的で、だれでもそのような記号に囲まれています。そのことをバルトは小説や広告、プロレス、乗用車など、大衆文化におけるテクストの**記号論**的分析によって明らかにしました。「松田聖子」という**シニフィアン**（記号表現）と「アイドル」というシ**ニフィエ**（記号内容）は分かち難く同一化し、自然ですが、これをバルトは「**神話**」とよびます。神話は人為的であるにもかかわらず、その起源は忘却され、特定の世界観を無批判に浸透させます。

記号やテクストは、『蟹工船』のように、「作者が介入しない事実」という**イデオロギー**、また逆に、虚構のシニフィエを生むかと思うと、ファッション雑誌のように、意味ありげな記号表現を浪費しながら、「おしゃれ」そのものは明示しない「シ・ニ・フ・ィ・エ・な・き・シ・ニ・フ・ィ・ア・ン」となります。一方、「松田聖子」は解釈学的・記号的・象徴的・行為的・文化的などさまざまなコードを駆使してあらたな現実を作りますが、作者の意図とは無関係にそうしたテクストを読む、読者の**悦楽**が「**作者の死**」をもたらします。

一方、家族写真における亡母のまなざしのように、写真の細部にあって見る者を刺し貫く「**プンクトゥム**（刺し傷）」は、読み手の、あるいは主体一般の存立を危うくする主体の死をもたらします。

記号は、こうして世界全体を再編するのです。

30秒でわかる！ポイント

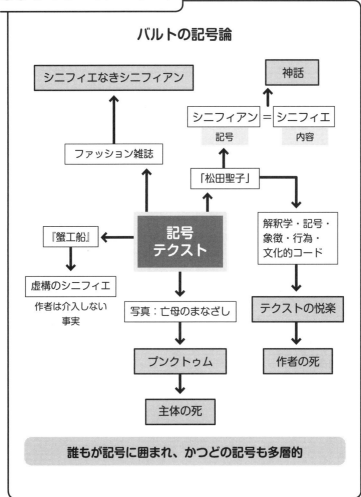

ワンポイント解説 ▶ ロラン・バルトと日本

1966年以来数回来日。意味で埋め尽くされた欧米に対し、大都市東京の真ん中にある皇居という空白など、意味から解放された自由な「表徴の帝国」とする日本論がある。

10 hours	
philosophy	**12**

**人間を作る
構造**

▶ 01

フーコー①
文明に潜む「構造」

　哺乳類の肺と魚類の鰓は、表面的形状こそ異なりますが、いずれも酸素を摂取する呼吸器官なので、機能的には同一とみなされます。ところが、18世紀の「**博物学**」は、現在でも用いられているリンネの植物分類学を確立したにもかかわらず、鰓と肺はまったく無関係とされ、逆に、巻き貝の化石は、それとはまったく関係のない、古代動物の心臓の化石とみなされていました。

　それは、18世紀の人々が、その時代の視線の構造に拘束されていたからです。彼らの視線は事物の表層にしかおよばず、表面上の類似点にこだわるばかりで、事物深層にある「器官」「組織」「**機能**」は目に入りませんでした。「表面上の類似」と「深層の機能」とのどちらに視線を向けるかは、その時代の「**知の土台**」「**エピステーメ**（**認識体系**）」によって決まるとフーコーは考えます。知の土台、エピステーメとは、知的探究や言論を可能にし、あるいは、限定する、知的枠組みです。

　19世紀には、生命や言語、経済研究の場面で、「生きる人間」「話す人間」「働く人間」が登場し、「**人間**」という存在が誕生しました。「ルネサンス」やカント、サルトルなど、ヨーロッパで中心概念だった「人間」は19世紀の産物にすぎず、レヴィ＝ストロースらの構造主義によってそれも消滅します（「**人間の死**」）。

　レヴィ＝ストロースの構造は未開社会におけるものでした。実は、ヨーロッパ、しかも学問分野で構造が支配していたのです。

30秒でわかる！ポイント

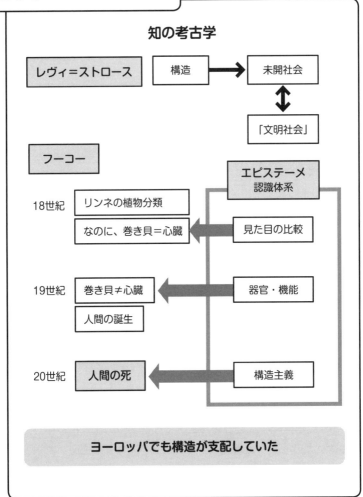

ワンポイント解説 ▶「ルネサンス」は19世紀の産物

「ルネサンス」という時代区分は19世紀の歴史家ミシュレが作ったものである。14〜16世紀の作家達は、だれも自分がルネサンス運動の一員だとは思っていなかった。

10 hours / philosophy 12

人間を作る 構造

▶ 02

フーコー②
「主体」という虚構

夏目漱石など、日本近代の知識人は「近代的自我」の問題に苦しみました。自分で自分のことを決める欧米的主体性が日本人にはないという嘆きです。ところが、その悩みは無用だ、とフーコーだったら言うでしょう。

18〜19世紀に**近代国家**が成立すると、国民全員が**学校や軍隊**、また、工場などの職場を経験します。そこではだれもが、整列行進訓練などの**身体所作**、時間割にしたがう時間管理を身につけ、成績や席次をもとに勉強に精を出します。学校の規則や教科内容を身につければ、よりよい学校や就職先、配偶者を期待できます。そのため、だれもが進んで諸規制を受け入れ、規律として**内面化**し、自分を制御するのです。全国民をこうして**規格化**し、それによって秩序を保つのが「**生の権力**」です。

19世紀になると性に関する規制が登場します。成年男女同士以外の性欲は「変態」とよばれるようになります。婚期を逃した女性は「ヒステリー」になると言われます。性行為や出産の指導書が生まれます。こうした「**性言説**」が、人々の欲望を規制しました。

フランス語で主体を表す「Sujet」は、古い用法では「臣下」を意味します。自己責任の主体と思われた「近代的自我」は、実のところ、生の権力や性言説によって、その行動と欲望を規格化されて作られたものにすぎません。「自我」は、規律にしたがう「**臣従体**（sujet）」「小文字の（sではじまる）主体」なのです。
「近代的自我」は幻想にすぎません。

30秒でわかる！ポイント

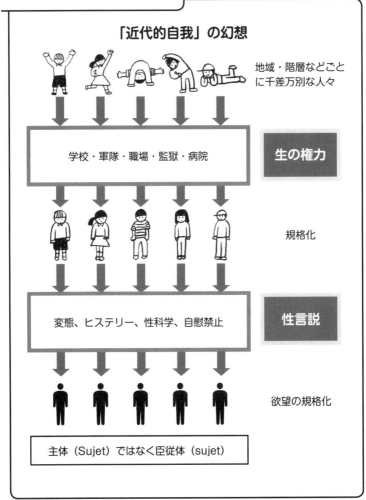

ワンポイント解説 ▶ フーコーの「言説」

「変態」が学問的真理とされると、専門医が養成され（制度化）、該当人物が収監される（支配）。制度・支配と一体化した真理をフーコーは言説という。

10 hours philosophy 12

人間を作る
構造

▶ 03

デリダ
西洋哲学を
骨抜きにする

「女子大」「婦人警官」と言いますが、「男子大」「男性警官」とは
言いません。そこには、大学や警官は男のものという、古い意識が
潜んでいます。

二項に優劣のない「左右」とは違い、「男女」や「真偽」では、
前項が後項に優越し、後項は劣位項とされます。このように序列化
された概念対をデリダは「**二項対立**」とよびました。

プラトンの「イデア／現世」、ルソーの「自然／人為」、また、「起
源／コピー」「善／悪」「美／醜」「精神／物質」「理性／狂気」「ヨー
ロッパ／非ヨーロッパ」などは、すべて二項対立です。

ところが、たしかに、イデアは現実世界にある諸物のモデルだと
プラトンは言いますが、実際に見たり触ったりできるのは現実の諸
物だけで、イデアはこの現実との対比によってはじめて規定可能で
す。二項対立において、先にあるのは実は後項であり、前項は派生
物にすぎません。前項の優位は見かけ倒しなのです。

さらに、イデア／現世、起源／コピーは、すべてに起源・根拠・
目的があるという**存在－神－目的－始源論**、論理や合理性、言語に
すべてを回収しうるとする**ロゴス中心主義**、「男／女」は、男性優
位の**男根中心主義**、「ヨーロッパ／非ヨーロッパ」は**ヨーロッパ中
心主義**など、西洋哲学の骨組みとなる思考法の基礎となります。

ところが、二項対立は錯覚にすぎません。デリダは、そのことを
暴露し、それによって欧米形而上学を骨抜きにし、「**脱構築**」した
のです。

30秒でわかる！ポイント

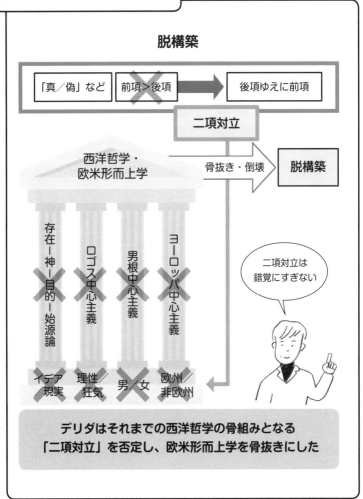

ワンポイント解説 ▶ 脱構築はポスト構造主義である

レヴィ＝ストロースの変換によって構造を作る二項対立そのものをデリダは骨抜きにしてしまう。なお、「ロゴス」は宇宙の理法や理性、言葉をあらわすギリシア語。

10 hours philosophy 12

人間を作る構造

▶ 04

ドゥルーズ あらゆる桎梏（しっこく）を くぐりぬけること

　ハヤブサは、旧日本陸軍戦闘機やブルートレイン、宇宙探査機の愛称にもなった俊敏なタカと思われています。ところが、最近、遺伝子分析から、タカとは似ても似つかぬオウムの仲間と判明したのです。

　動植物の分類は、「動物」「植物」などの大枠から個々の種にいたる**ツリー構造**になっています。ところが、実際には、腐敗植物は細菌の栄養となり、肉食獣や人間も体内に住む菌類なしに生きられません。どんな個体も、分類上はかけ離れた他の種類の個体と関係し、ツリー構造を横断する**逃走線**が縦横にのびる「**リゾーム（根茎）**」構造のなかで生きています。ハヤブサはその極端な例なのです。

　一方、栄養摂取や経済活動など、すべては、たとえば、母乳と乳児の口、物々交換される布と米など、二項関係の連鎖です。乳児の欲望が続く限り、それを埋めるために母乳が消費され、その消費は乳児の欲望によって生産され続けます。連鎖全体が「**生産する欲望**」です。一方、交換の対価が余って、設備投資などに回され、金が金を生む資本システムが完成すると、今度は**資本**が、消費や欲望、生産、金の流れを生むことになります。資本は帳簿上の存在にすぎず、実体も分節もありませんが、生産する欲望のさまざまな連鎖を生み出す「**器官なき身体**」です。

　あらゆる分類、生産する欲望の流れを横断する逃走線を見つけ、器官なき身体を打ち破るとき、資本主義は乗り越えられます。学生革命の際、ドゥルーズの思想は学生に熱狂的に支持されました。

30秒でわかる！ポイント

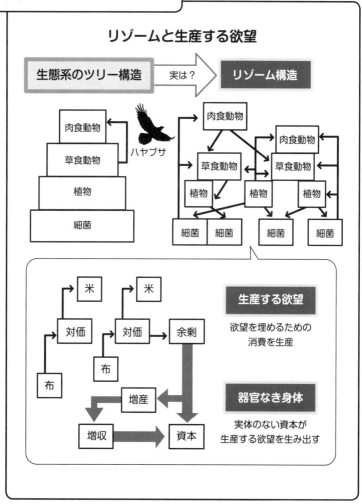

ワンポイント解説 ▶ ドゥルーズとガタリ

初期はヒュームなどについて、晩年は自身の体系について著作を発表したドゥルーズだが、『アンチ・オイディプス』などは友人の精神科医ガタリとの共著である。

10 hours	
philosophy	**12**

人間を作る構造

▶ 05

レヴィナス すべてを絶対的 他者に与えること

やましいことがあるとき、誰かにじっと見られるとどきどきします。銃殺刑に処される者に目隠しをするのは、射手が相手の目を見ながらだと引き金を引くことはできないからだと言われます。

路傍の子猫、まして捨て子にすがるような目で見られたら、捨て置くわけにいきません。一度、世話をはじめたら生涯をその子に捧げることになるかもしれません。こうして、顔に応答したとき、他者への**無限責任**が生まれます。

顔にわたしが応答するのは、それを裏切ることに**羞恥**をおぼえるからです。羞恥は、自分であることにいたたまれなくなる、自分から逃げ出したくなる衝動です。羞恥に襲われると、わたしは内面を切り崩され、空になり、自分を超えたものを求めざるをえなくなるとレヴィナスは考えます。わたしにこのようにして無限責任を課す顔が**絶対的他者**です。

絶対的他者にわたしは無限責任を負うばかりなので、他者とわたしの関係は非相互的、非対称的です。そのとき、もはやわたしは自律的なカント的人格ではありえません。

キリスト教は、人類史が最後の審判で完結するものとし、デカルトは世界全体を認識対象とし、カントの理性的人格は、普遍的に妥当する立法の主体でした。これらはすべて、そう語る者の視点からすべてを意味づける「**全体性**」の形而上学だとレヴィナスは批判します。すべてを絶対的他者に委ねるレヴィナスは、全体性の形而上学を、そして西洋哲学全体を転覆するのです。

30秒でわかる！ポイント

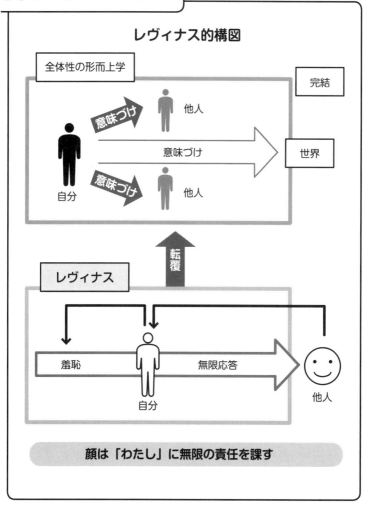

12 人間を作る構造

ワンポイント解説 ▶ ホロコーストを逃れたレヴィナス

リトアニア生まれのユダヤ人であるレヴィナスは、自身、ナチスドイツの絶滅収容所からの帰還者だった。その目に存在は恩寵どころか、恐ろしく残酷なものに映った。

10 hours	**13**
philosophy	

ポスト・
モダン

▶ 01

リオタール
ポスト・モダン

1980年代までは、少しでも豊かな知識や感性を身につけるのが当然で、必要な教養がないのは「恥ずかしい」ことでした。経済成長や技術の進歩など、社会全体も右肩上がりだった頃です。ところが1990年代、風向きが変わりました。

19世紀後半、世界各地に同時多発した「**モダン（近代）**」を支配したのは進歩史観です。人間の自律や価値の普遍性を謳うカントの啓蒙主義、人間解放を目指すマルクス主義、「自己実現」を促すロマン主義など、ここかしこで「**大きな物語**」が語られました。

1990年代はじめ、冷戦が終結すると、こうした理想、また、進歩そのものの信憑性が失われ、**「大きな物語」の死**が宣告されます。「**ポスト・モダン**」に突入したのでした。

近代では、分別や教養を身につけた大人が理想でした。普遍的価値が失効したポスト・モダンでは、特定の価値を普遍的と決めつけることはできず、通約不可能で異質なものが隣り合わせになります。全体を把握することは不可能ですが、異質なもの同士が衝突し合い、予想を超えた第三項が随所に生まれる可能性も開けます。

カントは、満天の星や稲光など人間の想像力を凌駕するものを「**崇高**」とよびました。ポスト・モダンにおける、全体を把握しえない無限連鎖は、崇高のメカニズムです。

デリダの脱構築、また、フェミニズム、ポスト・コロニアリズム、ネオ・プラグマティズムなどがポスト・モダン思想です。

148

30秒でわかる！ポイント

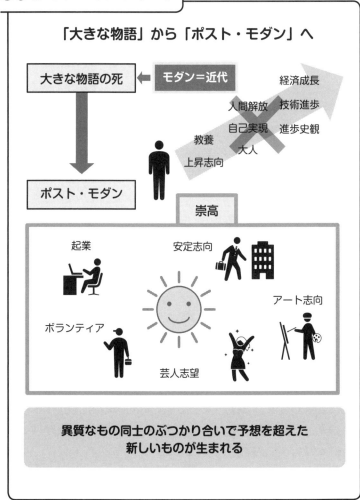

ワンポイント解説 ▶「モダン」とは？

「モダン（近代）」とは、過去と断絶した新しい時代を指すが、実体的には、産業資本主義、国民国家、国民軍、帝国主義が「近代」の要件である。

▶ 02

フェミニズム

10 hours
philosophy **13**
ポスト・
モダン

　性差によって待遇が変わるべきでないことなどは、いまや常識です。しかし、そもそも「女／男」であるとはいかなることなのでしょう。フェミニズムは男女差を問題にしますが、その主張も時期によって変化しました。

　19世紀末から20世紀前半のフェミニズムは、政治参加や財産・労働・教育などにおける男女同権を主張する**権利拡大運動**でした。

　1960年頃からの「第二波フェミニズム」は、「女は、女として生まれるのではない、女になるのだ」という、シモーヌ・ドゥ・ボーヴォワールの言葉に集約されます。「女性らしさ」という「**ジェンダー**」、すなわち、女性としての行動・倫理規範は、実は文化的・社会的に形成されたものにすぎず、その根底には、男性に好都合な視線や制度があるというのが、その基本テーゼでした。

　具体的には、「母性」や「良妻賢母」が単なる「神話」にすぎないことが暴露され、「共存」を旨とする女性原理が打ち立てられます。また、女性中心の「セクシャリティ（性行動の嗜好）」や「ホモセクシャリズム」が擁護されました。

　とはいえ、ひとくちに「女性」と言っても、階級や教育、出身家庭、出身文化、経済的条件などによって一様ではありません。1990年代以降、女性ならだれもが同じという「**本質主義**」が批判されます。ジュディス・バトラーらは、だれもが共同体における実践によって、多様な仕方で形成・構成されるという「**構成主義**」の立場をとるにいたります。

30秒でわかる！ポイント

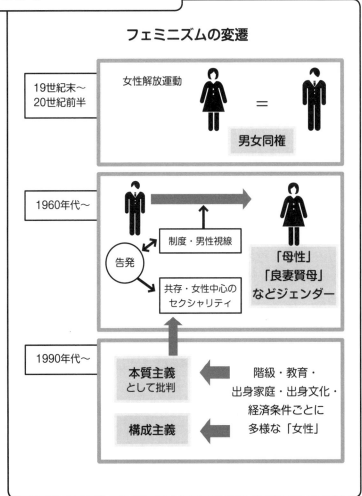

ワンポイント解説 ▸「母性」の誕生

「母性」「良妻賢母」は神話だ。18世紀フランスでは子どもを里子に出すのが当たり前だった。「母性」などは、その風潮を改めようとした男性の作った神話にすぎない。

10 hours	
philosophy	**13**

▶ 03

ポスト・モダン

J.J.ギブソン
アフォーダンス

　足元に崖があったら、思わず後ずさりします。腰の高さの台があれば座り、肘の高さに台があれば、自然に荷物を置くでしょう。足元に小石があれば蹴りたくなります。

　わたしがなにをするかは、周囲の環境に誘発されます。環境が提供（afford）する、行動を誘発する性質が**アフォーダンス**です。

　アフォーダンスは環境の実在的性質だとギブソンは言います。環境の細部ごとに異なるアフォーダンスがあるため、だれもがさまざまなアフォーダンスに満ちた「**包囲光**」に浸されています。

　しかも、アフォーダンスに人体は、頭で考えずに、直接、反応します。山道を歩くとき、細部の形状や性質をいちいち確認し、対応を決める人はいません。視覚・触覚情報を、いったん脳中枢に回して情報処理し、歩行を司る運動神経に指令を送るのではなく、環境の分節と身体運動とが直接、対応するのです。

　自律歩行型ロボットを作るとき、斜面など、環境についてのデータを中央コンピューターで処理して足に指示するやり方はうまくいきません。そこで最近とられるのは、環境に四肢が直接対処しながら適切な動き方を見いだすやり方です。環境と身体運動とが一体となって自己組織化されるのが、アフォーダンスのシステムです。

　環境と身体を、自己組織化によって秩序が生まれていくひとつの場とみなすのがアフォーダンス理論です。この理論は、いちいち自分が対象を認識することが前提の伝統的「認識論」や主観／客観図式を根底から否定する考え方です。

30秒でわかる！ポイント

13 ポスト・モダン

ワンポイント解説 ▶ アフォーダンスとスタジオ・ジブリ

コップを掴む前に一度、その位置や幅を確かめるようなノイズ的動きが入る。ジブリ映画のリアリティは、こうしたノイズ的動きを忠実に再現する点にある。

10 hours philosophy 13

ポスト・モダン

▶ 04
複雑系
秩序の誕生

　割れ窓理論というものがあります。街のショーウィンドウが割れていたり、落書きがあったりすると、それが誘い水となって他の住人が真似をして、街はますます汚くなり、治安まで悪くなる、という理論です。その原理は**複雑系**です。

　液体や気体を温めたときに発生する対流も複雑系です。熱で温められた下部の水分子のエネルギーが増大すると、その運動が活発になり、その分、比重が上部に比べて軽くなります。すると、上の水が下降し、下の水が上昇し、そうしておこるのが対流です。対流はたくさんの水流からなっており、上から見ると、蜂の巣のようなハニカム構造になっています。その位置や大きさは安定していますが、それは、後から来る水分子が、一度できた流れに乗るからです。

　水分子や住人など、ミクロの動きが、まず、対流や景観悪化というマクロの構造を生みます。マクロ構造が一度できるとミクロの動きを誘発・制御し、それによって、マクロ構造は再生産、強化されます。こうした**フィードバック・ループ**による**自己複製過程**に設計者や設計図は必要ありません。全体は**自己組織系**です。どこに治安悪化や水流が発生するかは、**偶然**、決定されます。対流の「素」が水のなかにももともとあったわけではなく、マクロシステムは「**創発（自己創造的発生）**」します。複雑系とは、フィードバック・ループによって偶然、創発する自己組織系のことです

　熱力学などから生まれたモデルですが、社会や歴史も巨大複雑系です。このモデルは、世界の起源を考える突破口ともなります。

30秒でわかる！ ポイント

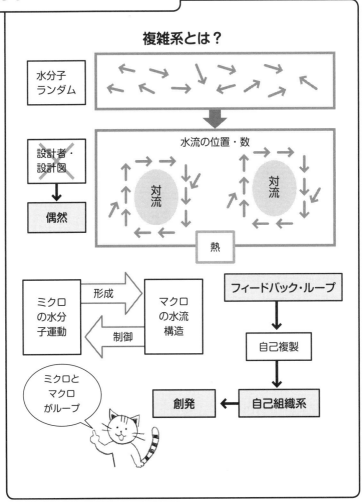

ワンポイント解説 ▶ 哲学と複雑系

ニーチェやシェリングは、複雑系が着想される際のヒントだった。カントやスピノザ、また、礼の自発的同調を重視する孔子にも複雑系的発想を見出すことができる。

10 hours	13
philosophy	

**ポスト・
モダン**

▶ 05

サイード
オリエンタリズム
批判

いまでも、欧米を旅行するとアジア人だからという理由で、不利で不快な思いをすることがあります。欧米人のこうした態度の裏にあるのがオリエンタリズムです。

18世紀末、欧米人は「東洋人」について「好色で怠惰で肉体的に劣った連中。自分の文化や地理を学問的に研究し、独立国家を運営する知的能力もない」というイメージを作ります。欧米人学者はインドや中東などの言語や地理などを調査して「東洋学」を作り、欧米人政治家たちはそれをもとに、政治能力がない「東洋人」を「白人」が植民地支配していい、むしろそれは恩恵だ、と考えました。

こうした、イメージ（「表象」）や学問が、大学や行政制度、植民地支配とセットになったものが「**オリエンタリズム**」です。「東洋（オリエント）」「アジア」は、ボスポラス海峡から日本までの地域ですが、この広大な地域を一括して扱うことに地理的・政治的・宗教的・言語的・民族的・経済的・文化的・歴史的など、いかなる根拠もありません。「オリエント」は「欧米人の頭のなかで作り出されたもの」にすぎないのです。

しかも、オリエンタリズムは、「彼ら（仮構の）東洋人のように怠惰・好色・非知性的でないもの」として、自分たち「欧米人」のアイデンティティを構築する**デリダ的二項対立**でもありました。

オリエンタリズムは欧米人だけのものではありません。日本人の多くも、西洋の優位というオリエンタリズムを盲信しているのは残念なことです。

30秒でわかる！ポイント

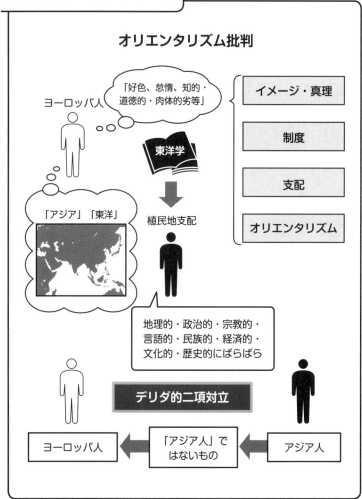

ワンポイント解説 ▶ アジアはヨーロッパにまさっていた

18世紀までヨーロッパの対アジア貿易は恒常的赤字状態で、技術的にも学問的にもアジアのほうがまさっていたことを、A. G. フランクの『リオリエント』は暴露した。

第4部

10 hours ⊘

philosophy

東洋哲学

```
10 hours
philosophy 14
東洋の
知恵 I
```

▶ 01

インドと
イスラーム

オリエンタリズム批判は、「西洋の優位」が、デリダの言う二項対立であることをはっきりさせました。実際、18世紀以前は東洋が西洋よりはるかに高度の文明と経済をもっていたのです。自分の人生や世界、生活について考えるためには、西洋以外、とりわけ東洋の知恵にも目を配る必要があります。以下の各章で東洋の思想を取り上げますが、本章ではインドとイスラームに注目します。

ドイツの哲学者ヤスパースは、諸子百家や仏教、ユダヤ教、ギリシア哲学が生まれた紀元前500年頃を主に念頭において、**枢軸時代**という言い方をしました。「先哲」が多数登場し、人類が精神的に覚醒した時代だ、というわけです。

ところが、紀元前9世紀のインドには**ウパニシャッド**がすでに登場し、バラモン教が社会の支配原理でした。紀元前6～5世紀、多くの都市国家が成立し、商工業が発達して貨幣経済が浸透すると、バラモン中心の農村社会に代わって、クシャトリアと言われる王族や商人中心の社会が生まれます。この状況で、ヴァルダマーナによる**ジャイナ教**をはじめ、多くの思想や宗教が発生しましたが、ゴータマ・シッダールタ（仏陀）による**仏教**もそのひとつでした。その後、仏教は、東南アジア、東アジア、チベットに伝播します。

西アジアでは、おそくとも紀元前6世紀には、『アヴェスタ』を経典とする**ゾロアスター教**（祆教）が生まれ、ユダヤ・キリスト教の善悪二元論に影響を与えます。また、7世紀には**イスラーム教**が生まれ、中央アジアからイベリア半島におよぶ大帝国を築きました。

30 秒でわかる！ ポイント

インドとイスラームの歴史

	インド、イスラーム	ヨーロッパ
前 9 世紀	ウパニシャッド	
前 6 世紀	ゾロアスター教・諸子百家	前 7 世紀 エレミア書
前 5 世紀	仏教	
前 4 世紀	アショカ王	古代ギリシア哲学
1 世紀		キリスト教
200 頃	ナーガールジュナ	
5 世紀	ヴァスバンドゥ	354 アウグスティヌス生
7 世紀	イスラーム教	
11 世紀	上座部仏教	12 世紀 スコラ哲学

ワンポイント解説 ▶ 11 世紀貿易とアジア思想

中国・インドからヨーロッパを結ぶ貿易は古代からあったが、11世紀、最盛期を迎える。上座部仏教が東南アジアに普及し、南宋に朱子学が登場した頃である。

10 hours	14
philosophy	

東洋の
知恵 I

▶ 02

ウパニシャッド
宇宙との合一

バラモンの教えでは、死後に一度、**ブラフマン**と対面しなければなりません。ブラフマンは「お前はだれか」と聞いてきます。それにうまく答えると解脱できると言うのですが、では、どう答えればいいのでしょう。

ウパニシャッドによると、死後の世界には、輪廻から解脱する「**神道**」と、月の世界にいたる「**祖道**」があります（「**二道説**」）。月の世界に行った者は、生前の善行の分、そこに止まり、それが尽きると再び地上に転生するのです。

こうした世界観を支えるのは、現象界の背後にあって、宇宙万物の根本となる、唯一の実在「**ブラフマン（梵）**」と、各個人のなかにあって、生命と活力を与える常住不変の存在「**アートマン（我）**」との二大原理です。アートマンは常住不変なので、人間は永遠の「**輪廻**」に運命づけられます。ところが、人間と宇宙とは、ミクロコスモスとマクロコスモスの関係にあるので、アートマンとブラフマンとは、実は一体なのです。

「**梵我一如**」というこの事態を自覚すれば、ひとは**解脱**し、輪廻から解放されます。つまり、先の質問には、「わたしはお前だ」と答えればいいのです。

『ウパニシャッド』は紀元前６世紀前後に完成した、バラモン教の聖典『ヴェーダ』の一部です。民衆生活を規定する社会・道徳規範は「**ダルマ**」、死後の運命を決する生前の善行は「**業（カルマ）**」とよばれます。ショーペンハウアーに影響を与えました。

30秒でわかる！ポイント

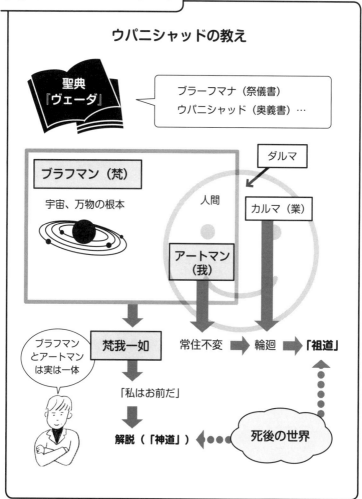

ワンポイント解説 ▶ アーリア人という虚構

インド＝ヨーロッパ語族のアーリア人が北方からインドに侵入し、先住民をカースト下部においたと、かつてはされたが、いまではその信憑性が疑われている。

```
10 hours
philosophy 14
東洋の
知恵 I
```

▶ 03

仏陀
人生という苦からの
脱出

　だれもが、病や老いに苦しみ、愛する者と別れ、欲しいものを断念しなければなりません。このように人生が苦悩に満ちているのですから、誕生自体もまた苦です（「**生老病死**」）。しかも**輪廻**があるため、苦は永遠に続きます。この現実を直視した仏陀は、苦からの解放を模索しました。

　生老病死と輪廻がもたらす現実が「**一切皆苦**」です。一切は絶えず変化し、頼るべき実体はありません（「**諸行無常**」）。それゆえ、ウパニシャッドにおけるブラフマンやアートマンのような不変の存在も否定されます（「**諸法無我**」）。涅槃こそが真の安らぎです（「**涅槃寂静**」）。一切皆苦・諸行無常・諸法無我・涅槃寂静の四つが「**四法印**」（四つの真理の印）です。諸法無我なので、自分は物質や感覚、想像、意志、思惟などの断片（「**五蘊**」）にすぎません。

　その現実に無知（「**無明**」）なため、自我を不変として執着する（「**渇愛**」）のが苦と輪廻の原因です。

　そこから解放されるためには、まず、無明から生まれる「**縁起**」の連鎖によって渇愛が生じることを悟る必要があります（「**集諦**」。「諦」は真理を悟ること）。同時に、一切皆苦の現実を悟らなければなりません（「**苦諦**」）。そのうえで、意見や言葉、行為、生活、修行などを正しくする「八正道」からなる「**道諦**」を実践します。こうして苦から脱するのが「**涅槃**」です（「**滅諦**」）（「**四諦八正道**」）。

　実体を認めないその思想は、「虚無の思想」としてヨーロッパ人に怖れられ、ショーペンハウアーらに影響を与えました。

30秒でわかる! ポイント

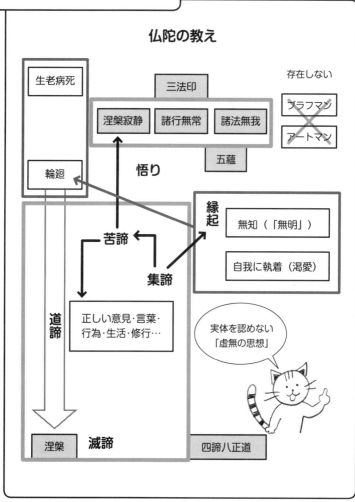

ワンポイント解説 ▶ 仏陀の名前

もとシャーキャ族の王子ゴータマ・シッダールタ。「釈迦牟尼」「シャーキムニ」は「シャーキャ族の聖者」を、「仏陀」は悟りを開いた「覚者」を意味する。

10 hours
philosophy 14

東洋の
知恵 I

▶ 04

小乗と大乗
自家用車とバス

仏陀入滅後100年、「サンガ」（僧侶集団）のなかには、自分だけの解脱を目指す部派と、大衆の解脱を唱える部派が生まれました。前者を「小乗（一人の乗り物）」、後者を「**大乗**（多数の乗り物）」とよびます。

大乗によれば、だれもが慈悲によって「悟りを求める人」すなわち「**菩薩**」になることができ、菩薩は布施・道徳・忍耐・静慮などの修行、すなわち「**六波羅蜜**」を経て成仏します。

この六波羅蜜の根幹は、知恵の完成である「**般若波羅蜜**」です。紀元前1世紀頃には『般若経』が作成され、救済仏としての阿弥陀信仰が説かれました。

大乗教理を確立したナーガールジュナ（龍樹、150〜250頃）は、一切が般若波羅蜜から縁起し、固有の実体はなく、すべては「**空**」であるとし、また、極端を排する「中道」を説いて「**中観派**」とよばれました。

一方、ヴァスバンドゥ（世親、400〜480頃）らによれば、すべて、心が生み出したものです。意識は、基層である「**アーラヤ識**」に感覚や認識、自我が積み重なる重層的構造であり、ヨーガ行によって識を浄化することで、悟りにいたることができます（「**唯識派**」）。

「すべての生きものには仏としての本性（**仏性**）がある」とする『**涅槃経**』は東アジアに大きな影響をおよぼします。7世紀頃には、大日如来を信じ、涅槃や解脱を現世において達成する即身成仏を説く、神秘主義的・呪術的色彩の強い「**密教**」が成立しました。

30秒でわかる! ポイント

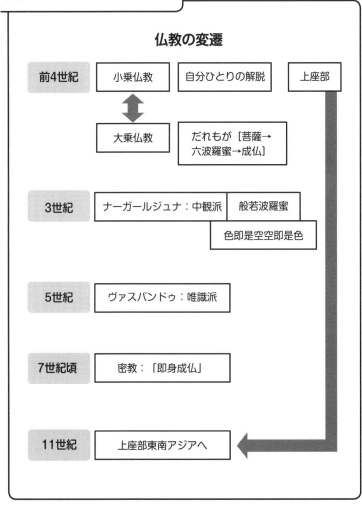

ワンポイント解説 ▶「仏教」の語源

「仏教」という語の語源は英語である。もともとインドその他に各宗派はあっても、すべてを総称する名前はなかった。植民地時代に生まれた「Buddhism」が語源だ。

10 hours	
philosophy	**14**

**東洋の
知恵Ⅰ**

▶ 05

イスラーム
商人共同体の紐帯

　唯一絶対の神**アッラーフ**が、7世紀前半にムハンマドを通じて下した『**クルアーン**（「朗唱されるもの」、**コーラン**）』の教えを信じ、したがうのがイスラームの根幹です。

　アダムやノア、アブラハム、モーセ、イエスなどの預言者たちの教えを、最後の預言者であるムハンマドが完全な形にしたとされます。

　神（アッラー）、**天使**（マラーイカ）、**聖典**（クトゥブ）、**使徒**（ルスル＝ムハンマドのこと）、**定命**（カダル）、**来世**（アーヒラ）の6つが、イスラーム教の信仰箇条（「**六信**」）です。一方、**信仰告白**（シャハーダ）、**礼拝**（サラー）、**喜捨**（ザカート）、**断食**（サウム）、**巡礼**（ハッジ）という5つの信仰行為、「**五行**」が信者の義務となります。

　毎日、決まった時間に礼拝を、毎年、決まった月、すなわち「ラマダーン月」に断食を、すべてのムスリムが一斉に行います。また毎年、決まった日に、聖地メッカ（マッカ）で、すべての巡礼者が定まったスケジュールにしたがい、同じ順路を辿って一連の儀礼を体験する巡礼を行います。五行のひとつである喜捨も含め、こうした信仰行為によって、ムスリム同士の紐帯、共同体の一体感が高められるのです。

　『千夜一夜物語』の船乗りシンドバッドが住んだバグダードなど、大都市の商人文化がイスラームの基本です。現在でも利息を禁じたイスラーム経済など、相互扶助が当然とされています。

30秒でわかる！ポイント

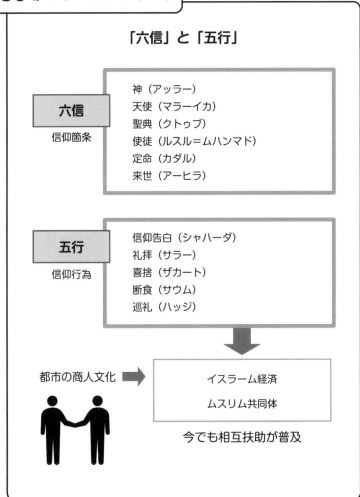

「六信」と「五行」

六信 信仰箇条
- 神（アッラー）
- 天使（マラーイカ）
- 聖典（クトゥブ）
- 使徒（ルスル＝ムハンマド）
- 定命（カダル）
- 来世（アーヒラ）

五行 信仰行為
- 信仰告白（シャハーダ）
- 礼拝（サラー）
- 喜捨（ザカート）
- 断食（サウム）
- 巡礼（ハッジ）

都市の商人文化 ➡ イスラーム経済／ムスリム共同体

今でも相互扶助が普及

ワンポイント解説 ▶ 最高の文明だったイスラーム

7～8世紀ウマイヤ朝はフランス南部まで支配した。アルゲブラ・アルカリ・アルデバランなどはアラビア語。科学・数学・哲学などでイスラームは当時、最高の文明だった。

10 hours philosophy 15

東洋の
知恵 II

▶ 01

中国の哲学

　紀元前8世紀、春秋戦国時代（紀元前770〜前221）は、大小の国が群雄割拠する封建体制でした。

　諸侯は、自宅に知識人や思想家、武術家を食客として住まわせ、多数の思想家が登場する土壌となります。

　紀元前6世紀頃には、孔子・孟子による**儒学**、老子・荘子による**道教**、孫子の兵法、韓非子の**論理学**、また、墨子など、さまざまな分野立場の思想が一気にあらわれ、「諸子百家」とよばれる状況が生まれました。

　諸国を統一した秦を経て、漢になると、道教が民衆の間で信仰され、一方、儒学は国家原理として採用されます。6世紀、隋の文帝が科挙をはじめると、儒学は行政官必須の教養として制度化されました。以降、中国では、皇統や支配民族は交替しても、清代の1905年までの1300年間、科挙にもとづく官僚制度が維持され、古代帝国体制が一貫して保たれます。科挙による官僚制度は17世紀にヨーロッパに紹介され、ナポレオンやプロイセンにおける官僚制の原理にも影響を与えました。

　一方、1世紀には西方から**仏教**が伝来し、隋や六朝においては、王侯貴族や大衆に普及します。

　仏教は、その思想的体系性ゆえに儒学にとっては脅威となり、仏教との対決の結果、南宋時代に、宇宙や人間の統一原理としての「理」を中心にすえた**朱子学**があらわれました。

30秒でわかる！ ポイント

中国哲学の歴史

	中国	ヨーロッパ
前 8 世紀	春秋戦国時代 （前 770 ～前 221）	
前 6 世紀	孔子、老子？	タレス
前 5 世紀	墨子	
前 4 ～ 前 3 世紀	孟子、荘子、公孫竜	ソクラテス
前 3 世紀	韓非子	
1 世紀	仏教伝来	
5 世紀	南北朝期：仏教隆盛	354 アウグスティヌス生
581 ～ 618	隋：仏教治国策・科挙制度	7 世紀 ウマイヤ朝
1127	南宋（～ 1279）	12 世紀 スコラ哲学
1130	朱熹（～ 1200）	
1368	明（～ 1644）	14 ～ 16 世紀 ルネサンス
1474 ～	王陽明（～ 1528）	1453 ヨーロッパの中世 終わる

15

東洋の知恵Ⅱ

ワンポイント解説 ▶ 孔子・老子だけじゃない中国哲学

孔子・老子など、古代の創始者だけに目が向かいがちだが、それは、西洋哲学について プラトン、アリストテレスだけ見て、デカルトやカントを顧慮しないようなものだ。

171

10 hours	15
philosophy	

**東洋の
知恵Ⅱ**

▶ 02

孔子
共振による調和

　儒学というとどうしても、頑迷固陋な形式主義という印象がありますが、実際には、きわめて現実主義的な統治の哲学でした。

　その始祖である孔子にとっては、道徳の精神的内実としての「**仁**」と、行動規範としての「**礼**」が思索の二本柱となります。

　仁は、私欲を克服して、人々を愛することですが、こうした形式的規定よりもむしろ、個々人が仁を身につける過程が重視されました。私利私欲・自負・固陋を捨て、親子・兄弟・友人・師弟・君臣など、自然な情愛を慈しむこと、立場に応じた責任と義務を履行する「**義**」、自分が望まないことを相手に行わない「思いやり」（「**恕**」）、自己欺瞞を避ける真心（「**忠**」）が、仁の実践であり、仁にいたる道です。

　礼は宗教や社会の儀礼ですが、単なる形式的手続きではありません。だれかにお辞儀をして、相手も返礼したときに挨拶が成立するように、礼の実践は各自の自発性と、相互信頼にもとづく協調によって可能となり、その結果、高度の共同性の場がひらかれるのです。

　国家統治においては、古代に理想的な政治を行った天子とされる**堯　舜三代**（堯、舜、夏朝の禹、殷の湯王、周の武王）を理想とし、恫喝や刑罰による強制ではなく、為政者の徳と礼による支配（「**徳治**」）が説かれました。

　孟子（前3世紀）は性善説の立場から、元来、人間にある惻隠など、四つの感情（「**四端**」）が仁義礼智という徳につながるとします。

　儒学は、徳川幕府の統治原理ともなりました。

30秒でわかる! ポイント

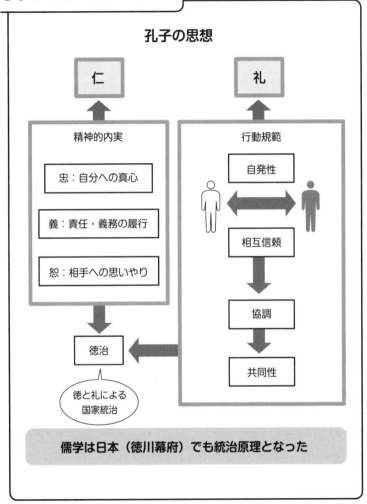

ワンポイント解説 ▶ 人間劇の『論語』

『論語』は孔子の言行録だが、子路や顔淵など多彩な弟子と、その人柄を見抜いた孔子とのやりとりが魅力の人間劇でもある。下村湖人『孔子』がその様を活写した。

10 hours	15
philosophy	

▶ 03

東洋の
知恵Ⅱ

老子、荘子
道家／無為自然

　孔子は人間社会について語りましたが、老子にとっての思索の対象は自然でした。

　老子によれば、人を含む万物の本体は「**道**」ですが、道とは、万物が生成する以前から存在し、永遠に運動し続ける混沌のことです。天地万物には名前があります（「有名」）が、混沌に名前はありません（「**無名**」）。一方、混沌においては、「柔が剛を制」し、「禍は福を、福は禍を生む（禍福はあざなえる縄のごとし）」など、矛盾が実在し、対立が相互に転換し、対立の一方がなくなれば他項も消えてしまいます。なにものも、発展すればいつか極まり、反転します（「物壮んなれば、すなわち、老いゆ」）。こうした自然の定めを、老子は「**常**」とよびます。

　こうした自然観から、柔弱、謙虚、寛容、知足という**四徳**が帰結します。これらはいずれも、自分に固執し、より多きを求める人為を戒め、自然と一体化することを意味します（「**無為**」）。その背後で実は、老子は、無為自然が当たり前だった理想的な古代を復元しようとする政治的な意図をもっていました。

　一方、荘子は個人の安心立命を求めます。荘子にとって「道」は「無為」ではなく、「無差別」でした。美醜や大小、運不運、幸不幸、上下貴賤、自我非自我など、どれも相対的区別にすぎず、実体はないというのがその真意です。このことを悟り、道と合一することによって、何事にもとらわれない絶対的幸福はえられると、荘子は考えたのでした。

30秒でわかる！ポイント

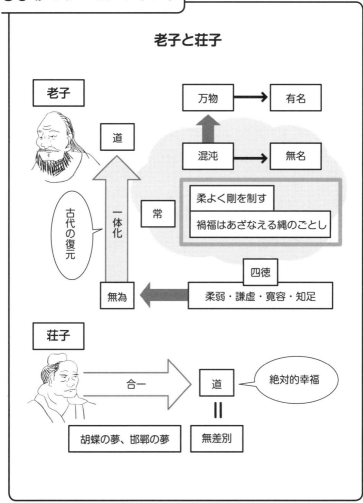

ワンポイント解説 ▶ 西洋哲学を先取りした老子

無名が、神の規定を拒否したトマスに、矛盾の実在がヘーゲルに、混沌を万物の根源とする点がショーペンハウアーに似るなど、老子思想は西洋哲学を先取りしている。

```
10 hours   15
philosophy
東洋の
知恵Ⅱ
```

▶ 04
諸子百家
思想の饗宴

「諸子」は孔子、老子、荘子などの思想家、「百家」は儒家、道家などの学派を意味します。『漢書』によれば、その数は138家にもおよびます。

兼愛非攻を説いた墨子（墨翟、前450〜前390頃）の**墨家**は、同じ統治理論でも、性悪説にもとづいて、厳格な法と信賞必罰の徹底による法治主義を説いた韓非子（前280頃〜前233）など、**法家**の対極です。

賢者・王侯も耕作や炊事を自ら行うべきであり、そうすれば物価は安定し、人を欺く者もいなくなるとする許行の**農家**は、江戸期の安藤昌益や一部の共産思想にも通じるものがあります。

「彼を知り己を知れば百戦して殆うからず」など、戦争を国家の存亡や政治、ロジスティクス（武器人員物資調達）など、広い文脈から捉えた、孫子（生没年不詳）や呉子（あわせて「孫呉」）の**兵家**は、強国・秦に対して諸国が連合する合従策を唱えた蘇秦、秦との個別連合を唱えた連衡策の張儀など、**縦横家**とともに、現在にも通じるリアルな洞察に満ちています。

ほかに、「至大無外」（本当に大きな物には外がないの意）、「至小無内」（本当に小さな物には内がないの意）など、言葉の意味を追求した公孫竜（前320〜前250）などの**名家**、陰陽思想の鄒衍など**陰陽家**、秦代の呂不韋『呂氏春秋』と前漢の劉安『淮南子』など、諸子の学説を百科全書的に収集した**雑家**、故事を語り伝えた**小説家**など、百花繚乱の趣でした。

30秒でわかる！ ポイント

諸子百家

諸子	百家	特徴
墨子	墨家	兼愛（兼 [ひろ] く愛する）・非攻
韓非子	法家	性悪説ゆえの法治主義
公孫竜	名家	言葉の意味の追求
孫子、呉子	兵家	戦争、政治、国家に関する戦略
	縦横家	蘇秦の合従策、張儀の連衡策など、リアルな外交戦略
	陰陽家	騶衍など陰陽思想
	雑家	呂不韋『呂氏春秋』、劉安『淮南子』など、諸子の学説の収集
	農家	許行など、農業による経世治国
	小説家	故事の伝承

ワンポイント解説 ▸ 孫子、呉子の兵法

「戦わずして人の兵を屈するは善の善なるものなり」「兵は国の大事にして、死生の地、存亡の地なり」など、孫呉の兵法はいまでも企業経営などの参考になっている。

10 hours philosophy 15

東洋の
知恵 II

▶ 05

朱子学と陽明学
宇宙と人間の原理

　たとえば『論語』は孔子の言行録にすぎません。このように、儒教には、体系性の欠如という問題がありました。

　仏教の巨大な理論に衝撃を受けた朱熹（1130 ～ 1200）は、儒教の体系化を企てて、「**朱子学**」を確立しました。

　まず、宇宙の法則と人間の倫理規範とを貫通するひとつの原理があるとされ、「**理**」とよばれます。倫理と自然が直結していることから、本来、すべては善であるとする楽観主義が帰結します。理は万物、また、万人に平等に内在し、それぞれの「**性**」を決定します。

　一方、諸物、各人の差違は、これも理から生まれる「**気**」によって決定されます。気は、物においては形を決定し、人間においては聖賢暗愚の差違を生むのです。

　こうした**理気二元論**が朱子学の基本となります。

　ところで、聖人は気が澄んでいるので本来の性があらわれますが、凡人は気が混濁しているため性が曇らされています。

　本来の性、すなわち理を回復するには、自分のなかにある本来の性を直観的に洞察して、欲望を消す「**存心**」、また、万物に潜む理を見極めて、自分の理に到達する「**格物致知**」が必要とされます。各人のこうした道徳的精進が、国家統治の条件となります（「**修身斉家治国平天下**」）。

　朱子学の理気二元論に対して、明代の**王陽明**（1474 ～ 1528）は心を理とし、かつ、理そのものをも勢いよく動く生命であるとしました。これが、**理気一元論**を原理とする**陽明学**です。

30秒でわかる! ポイント

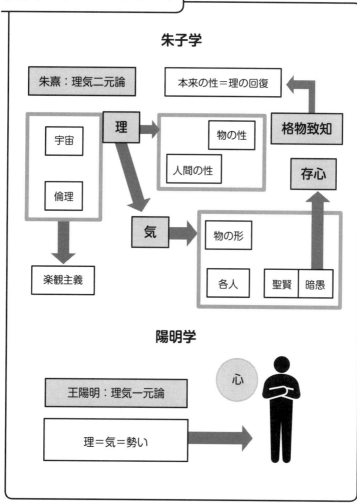

ワンポイント解説 ▶ 海外への影響

宋学(朱子学)は易学などとともに、宣教師がヨーロッパに紹介し、ライプニッツなどに影響を与えた。陽明学ともにいずれも江戸期の思想に取り入れられた。

10 hours	**16**
philosophy	

東洋の
知恵 Ⅲ

▶ 01

日本の世界認識

　日本には古来、天地や諸物はおのずから生まれたものとし、山や巨木など森羅万象、また、祖霊などをカミとする心性（「**八百万の神**」）がありました。『**古事記**』（712）などにあらわれたその世界観は、『日本書紀』（720）において「**神道**」とよばれます。

　538年に伝来した**仏教**は、飛鳥時代に国家原理となります。平安末期から鎌倉の混乱期には、独自の思想家が生まれ（**鎌倉新仏教**）、江戸期には檀家制度によって安定した地位をえることになります。

　室町から安土桃山期には能の世阿弥、茶道の千利休、書院造りなど現在の日本文化の基礎が築かれました。その美意識は江戸期に「わび・さび」として理論化されます。

　江戸期には、戦国時代の武ではなく、文によって天下を治めることが理想とされ、そのために**儒学**が採用されました。また、日本独自の思想を求めた「**国学**」、安藤昌益や石田梅岩など民衆思想、また、青木昆陽らの**蘭学**が花開いたのもこの時期です。

　明治期以降、欧米哲学が導入され、それに対して日本独自の哲学をさぐる試みがつぎつぎに登場しました。「場所」の思想の西田幾多郎（1870 ～ 1945）、偶然性によって西洋的同一性哲学に対抗した九鬼周造（1888 ～ 1941）、ひとを独立した自我としてではなく、他人との関係によって成り立つ「人間」と見るところから独自の倫理学を構想した和辻哲郎（1889 ～ 1960）などです。西洋哲学の基本を「存在、必然、自我」としたうえで、その反対項によって日本の独自性を導こうとするのが彼らの戦略でした。

30秒でわかる! ポイント

日本の世界認識

	日本	世界
2世紀頃	邪馬台国	ローマ帝国全盛期
538	仏教伝来	476 西ローマ帝国亡
574	厩戸皇子（～622）	570 マホメット生
712	『古事記』	711 イスラーム全盛
8～9世紀	最澄、空海	768 カール大帝
12～13世紀	法然、親鸞、道元、日蓮など	この頃、十字軍
14～15世紀	世阿弥	欧州ペスト流行
1635	林羅山「武家諸法度」	1618 三十年戦争
17～18世紀	山崎闇斎、山鹿素行、伊藤仁斎、荻生徂徠、契沖、石田梅岩、貝原益軒	フランス絶対王政
1730	本居宣長（～1801）	1735 清 乾隆帝
18～19世紀	平田篤胤、安藤昌益、二宮尊徳	1775 アメリカ独立戦争
1868	明治維新	1840 アヘン戦争
1911	西田幾多郎『善の研究』	1914 第一次世界大戦
1919	和辻哲郎『古寺巡礼』	1920 ナチ登場
1930	九鬼周造『「いき」の構造』	1929 世界恐慌

16

東洋の知恵Ⅲ

ワンポイント解説 ▶「なりなりて成り行く勢い」の日本

イデアや神など、固定した原理とは無縁で、中国や南蛮など異文化を柔軟に受け入れる日本の特性を、日本思想史家丸山真男は「なりなりて成り行く勢い」と名づけた。

```
10 hours        ▶ 02
philosophy 16
                仏教
東洋の
知恵Ⅲ            独自の思想へ
```

　538年に伝来した仏教は、7世紀には聖徳太子らによって「国家鎮護」の原理として採用されました。奈良期には、教理研究を目的とする三論宗、律宗など「**南都六宗**」が形成されます。

　平安期には、天台宗の**最澄**（767〜822）が、だれもが仏性をもつので、成仏可能であるとし、また、真言宗の**空海**（774〜835）は、密教にもとづく行によって**即身成仏**がえられるとしました。現世肯定的な密教からはやがて、だれでもあるがままで成仏しているとする「**本覚思想**」が生まれ、平安中期になると、源信が現世と来世の二元論をとる**浄土宗**を興します。

　平安末期、内乱や天変地異などが続いて、「末法」、末世という意識が広まりますが、鎌倉期には、体制迎合的な平安仏教に満足できない人々による「**鎌倉新仏教**」が登場しました。

　浄土宗の**法然**（1133〜1212）は、ひたすら阿弥陀仏を信じ仏名を唱えることによって他力で浄土に往生できるとします。浄土真宗の**親鸞**（1173〜1262）によれば、自力から他力に転じること自体、阿弥陀如来の力によるのです。その力はあまりにも大きいので、悪でさえ念仏の善に転じるという「**悪人正機説**」を親鸞は唱えました。曹洞宗の**道元**（1200〜1253）によれば、悟りは別世界ではなく、目の前の世界にあります（「**現成公案**」）。わずかな心の働きに宇宙のすべてが含まれるという「**一念三千**」の思想を受け継いだ**日蓮**（1222〜1282）は、一念三千を秘めた「南無妙法蓮華経」という題目を唱えることに専念すべきであると説きました。

30 秒でわかる! ポイント

日本における仏教の歴史

538	仏教伝来	
7世紀	国家鎮護の原理（聖徳太子）	
8世紀	南都六宗	教理研究。小乗
767	最澄（〜822）：天台宗	だれもが仏性をもつ
774	空海（〜835）：真言宗 本覚思想	密教にもとづく即身成仏 だれもが成仏している
平安中期	源信 浄土宗	現世と来世の二元論
1133	法然（〜1212）：浄土宗	称名による他力本願
1173	親鸞（〜1262）：浄土真宗	悪人正機説
1200	道元（〜1253）：曹洞宗	悟りは目の前にある とする「現成公案」
1222	日蓮（〜1282）	一念三千。題目の唱題

16

東洋の知恵Ⅲ

ワンポイント解説 ▶ 江戸期以後の仏教

江戸期に浸透した檀家制度によって仏教の存在は安定した。一方、空海信仰にもとづく四国のお遍路は、巡礼者を無償でもてなす「接待」など独特の習慣からなる。

10 hours
philosophy —— 16
東洋の
知恵Ⅲ

▶ 03

江戸儒学
厳粛主義から
個の自由へ

　儒学は4〜5世紀に伝えられ、1364年に印刷された『正平版論語』
は室町期を通じて版を重ねました。

　江戸期になると、戦国の殺伐とした人心を鎮め、武ではなく文に
よって統治しようとした徳川幕府が儒学を重視します。幕府の正統
性擁護も、儒学重視の目的のひとつでした。家康が重用した**林羅山**
（1583〜1659）は朱子学をふまえて、私利私欲を慎み、分をわきま
える「**上下定分の理**」を唱えました。朱子学の個人的修養を厳格に
受け取った**山崎闇斎**（1618〜1682）は、一切の欲望を禁じます。

　一方、朱子学を否定して独自の儒学を求めた**山鹿素行**（1622〜
1685）は、原始儒教に回帰する「**古学**」を提唱しました。朱熹が不
変とした理は、変転万化する物心の法則であり、欲望も、聖人の礼
楽によって制御されれば善行の基礎になると、素行は主張します。
伊藤仁斎（1627〜1705）は、非合理な「天命」である自然の原理
を不可知とし、それと、万人に元来、備わる**四端**（「惻隠」「廉恥」「辞
譲」「是非」）をもとに実現される「仁義」とを峻別しました。

　荻生徂徠（1666〜1728）は原始儒教の経典から当時の制度文物
（「礼楽」）を復元し現在に活かす「**古文辞学**」を提唱します。徂徠は、
天は不可知で、「敬」の対象にすぎず、天と万物を窮めた聖人が作っ
た礼楽を生きればそれでいいと考えました。礼楽は社会的なもので、
個人道徳とは無関係であり、個人の領域で各人は、個性を貫き、全
体の役に立てばいいと徂徠は言います。それは、儒学を公的領域に
制限し、修身斉家と治国平天下とを切り離す思想でした。

30秒でわかる！ポイント

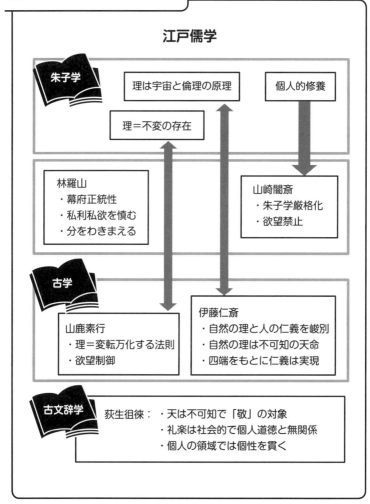

ワンポイント解説 ▶ 古来日本の高等教育

1790年設置の昌平坂学問所は東京大学の母体だが、7世紀の大学寮、平安期の弘文院など貴族の私塾、足利学校などは、日本における高等教育の伝統の一環である。

10 hours	16
philosophy	

東洋の
知恵 Ⅲ

▶ 04

国学

　古典文学については、契沖（1640 ～ 1701）がすでに、万葉集の考証学的研究を行っていましたが、荷田春満（1669 ～ 1736）は、中国偏重を批判して「**国学**」を提唱し、わが国の古典研究を奨励します。その弟子、賀茂真淵（1696 ～ 1769）は、万葉集研究によって日本古代の道に帰ることを主張しました。

　真淵の弟子、本居宣長（1730 ～ 1801）の主張はさらに過激です。宣長は、儒学が尊ぶ中国古代の「天子」である堯舜三代を、それ以前の政権を簒奪した者として非難し、歴史を勧善懲悪や天命によって合理化する態度を「**からごころ**」として排除しました。日本古来のカミは、一切不可知なので、それについて合理的説明を試みるのも、からごころゆえの小賢しい（「**さかしらな**」）態度とされます。朱子学の厳格主義も排除され、だれにでも備わる人間の自然（「**真心**」）がとるべき道とされます。文芸については、それを倫理や政治的価値から判定する「**ますらをぶり**」は本質の逸脱とされます。とくに歌は「心に思うことを言うだけ」なので、その都度の情を素直に表現する「**たをやめぶり**」こそが歌の本質なのです。「歌のおもむき」である内奥の心情、「**もののあはれ**」こそが古道の核心とされ、ついには政治的性格すら付与されます。ただし、もののあはれは、その内実を規定しえないので、政治的にはそのときどきの政体を受け入れる機会主義となる危険もはらみます。

　その弟子、平田篤胤（1776 ～ 1843）は、古文献を絶対化した神道説を唱え、幕末や維新直後の政治運動に影響力をもちました。

30秒でわかる！ポイント

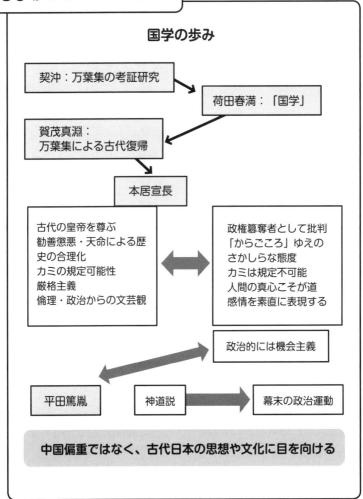

ワンポイント解説 ▶ 江戸期の歴史記述

神武天皇以来の歴史については、1662年、幕命によって林鵞峰が編纂した『本朝通鑑』、1672年頃水戸藩主徳川光圀が着手した『大日本史』などがあった。

10 hours	▶ 05
philosophy **16**	
東洋の 知恵 Ⅲ	

町人、農民の思想

　江戸中期以降、農業・手工業・商業活動の発展によって町人、商人の力が拡大すると、農工商業従事者の存在価値とモラルを確立する哲学がつぎつぎに登場しました。

　近江商人の「**三方よし**（買い手よし、売り手よし、世間よし）」は現在でも耳にしますが、農家出身で、京都で商売を営んだ**石田梅岩**（1685 ～ 1744）の**石門心学**は、商人の利益追求を天理として肯定し、「先も立ち、我も立つ」という公正、正直、倹約、勤勉の倫理を説きました。

　現在の青森県八戸の医者だった**安藤昌益**（1703 ～ 1762）は、支配や被支配、身分、貧富の差といった人為を否定し、自然の根源的な活動にしたがって、万人が自ら地面を耕し（「**直耕**」）、衣食住すべてを自給自足する、どこにも差別のない平等社会（「**自然の世**」）を目指しました。商品経済の発展や飢饉によって困窮した農民の状況を背景に生まれた、きわめて過激な思想です。

　同じく農民を対象とした思想家でも、**二宮尊徳**（1787 ～ 1856）は、倹約（「**分度**」）によって生まれた余裕を将来への備えにする（「**推讓**」）など、農民の自立を図り、「農は万業の大本である」として農民の誇りを鼓舞しました。

　すでに**貝原益軒**（1630 ～ 1714）は朱子学の合理性を強調し、実証性を重視していましたが、1543年鉄砲伝来以来、オランダの医学などを研究する**青木昆陽、前野良沢、杉田玄白、平賀源内、高野長英**などの**蘭学**者、**洋学**者が登場しました。

30秒でわかる! ポイント

農民・商人の哲学

石門心学	石田梅岩	商人の利益追求を天理として肯定
	安藤昌益	支配、身分や貧富の差を否定、自然にしたがって、自ら地面を耕す平等社会（「自然の世」）を目指す
	二宮尊徳	農民の自立、誇り
	貝原益軒	朱子学の合理的側面を強調、実証重視
蘭学・洋学	青木昆陽 前野良沢 杉田玄白 平賀源内 高野長英	オランダの医学などを研究

ワンポイント解説 ▶ 町 人 思 想 誕 生 の 背 景

1603年に登場した出雲阿国から発展した歌舞伎など、都市文化、新田開拓や各地名産物の開発など、農工商業民の活発な活動が町人思想誕生の背景にはあった。

第 **5** 部

10 hours ⊘

philosophy

哲学の
テーマ

第5部で
押さえておきたい
哲学用語

「主観」「主体」「自我」「意識」

「自分」をあらわす哲学用語は多い。「行為の主体」とは言うが「行為の自我」とは言わず、「意識がある」とは言うが「主観がある」とは言わない。「主体」は、行為や認識を起動し、その責任を引き受ける存在。「主観」は、「認識主観」など、主観／客観図式の一項。「自我」は、誕生時から死ぬまで同一な、感性や知性、理性、行為の基体。「意識」は、自分がなにを考え、なにをしているかをつねにチェックしている存在。

「根拠」

「なにを根拠にそんなことを言うのか」という問いの答えとなる、主張の証拠や理由、「どうしてそんなことをしたのか」という問いへの答えとなる、行為の動機や理由、「どうしてそんなことがおこったのか」という問いの答えである変化の原因、「なぜ万物があるのか」という問いに対する、存在の大元などを指す。

「ミュンヒハウゼン・トリレンマ」

「ニワトリが先か卵が先か」は、考えてもキリがない無限ループの「循環論法」だ。ニワトリを先とすると、もとは卵だったと言われ、では卵が先かと言うと、その卵は母親ニワトリが生んだ、と言われ、さらに、母親ニワトリの卵、祖母ニワトリ……、といった仕方でいつまでも遡っていくと、「無限遡行（無限後退）」となる。それに耐えられずにすべての大元として「神」など、特別な存在を想定するのが、根拠のない「独断」である。基礎づけの試みは「循環」「無限遡行」「独断」のどれかに陥るとするのがミュンヒハウゼン・トリレンマだ。

「アイデンティティ」

森の石松が「江戸っ子だってねえ」と言い、相手が「神田の生まれよ」と言うとき、「江戸っ子」であることが当人のアイデンティティである。その人が何者であるかをあらわす、帰属先や特性、その人にとって自

分が自分であることの証、拠り所。一時的な記憶喪失で自分の名前すらわからなくなったとき、ID カードで自分の名前がわかると安心するように、名前もまた最小限のアイデンティティである。

「アナール派」

従来の歴史記述は国王やその外交、戦争、革命などに注目してきたが、それに対し、こうした大事件や変動が生まれる根底にある、日々の庶民の生活や経済活動、また、過去の人々のメンタリティなどに目を向ける歴史研究の一派。ヨーロッパ人の死に対する態度の変遷などを研究したアリエス、17 世紀の地中海地域における地理・天候・経済生産活動などの重層的構造をとりだしたブローデルなどがいる。

「概念分析」

基本的には、用いる言葉の意味を分析し、その含意を明解に腑分けすること。「三角形」「人格」といった概念を分析して、「三頂点をもつ図形」「自己責任の主体」といったその特性を引き出すこと。「親をだます」「壊れた自転車をだましだまし使う」など、一見相反する用例から「実態に反する風を装って好ましい結果を得る」などの構造を見て取ること。

「基礎づけ」

自分の主張や行動の理由や動機を明示して、その根拠を示すこと。哲学では、現在の世界が現在のようにあることの最終的根拠がもとめられ、その答えとして神やイデアなどが登場する。ただし、最終的基礎づけをもとめてもミュンヒハウゼン・トリレンマに陥ることを認めると、最終的な基礎づけを断念する「反 - 基礎づけ主義」が帰結する。

「観念論」「実在論」

哲学における古典的な対立のひとつ。知覚されたものがそのまま実在するとするのが実在論、それは認識者の観念にすぎないとするのが観念論。より正確に言うと、事物や世界は、だれかがそれについて知覚したり、知っていたりしているか否かと無関係に存在する、とするのが実在論。逆に、存在は認識と独立には成立せず、世界の存在は認識内容、すなわち認識者の観念に尽きるとするのが観念論。

```
10 hours
philosophy 17
哲学の
基本問題 I
```

▶ 01

哲学のテーマを
整理する

　これまで見てきたように、ひとくちに哲学といっても、その探求
対象やテーマは実にさまざまです。

　カントは、哲学の問いとして「人はなにを知りうるのか」「人は
なにをするべきか」「人はなにを望んでいいのか」の三つを挙げ、
そのすべては「人間とはなにか」という問いに集約されると述べま
した。このそれぞれに、**認識論**や**存在論**などの「**純粋哲学**」「**倫理学**」
「**美学**」「**人間学**」が対応します。

　そのなかでは、主体のあり方（意識、理性、精神、自我、実存など）、
認識されるものとその性質（本質や普遍性、真理、因果性、歴史、他
我など）、認識の道具（数学や論理、言語、観念、知識、経験など）、
存在のメカニズム（世界や空間、時間、現象、存在、同一性、世界の
起源・原因、神など）、倫理的な事柄（行為や自由、正義、善など）、
美や芸術など美学的問題、政治、社会、国家、戦争など社会哲学、
そして、人間などが、それぞれテーマとなります。また、なかには
自我のように認識論と倫理学、美学にまたがる主題もあり、存在の
ように分類を超越した主題もあります。

　以下の各章では、比較的純粋哲学的な主題として、万物の根拠へ
の問いと存在、真理、自由、心と身体（第17章）、倫理・美学の主
題から、倫理の諸学説、殺人の禁止、応用倫理、美、芸術（第18章）、
身近な現実から国家、歴史、「日本人の劣化」、自分、生きる意味（第
19章）を取り上げて、時代と地域を横断しながら整理していきます。

30秒でわかる！ポイント

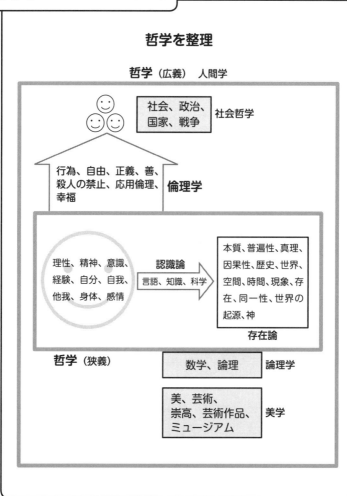

ワンポイント解説 ▸ 日本の大学における哲学の三分割

日本の大学では文学部に哲学科・美学科・倫理学科などが設置されている。カントの三批判書の分類にしたがったこうした三分割は日本独自の現象である。

▶ 02

存在／根拠

10 hours
philosophy
17
哲学の
基本問題 I

　この世界や宇宙はどこから、どのように生まれたのかを説明する
試みにはいくつかのパターンがあります。

　まず、万物を含む種子のような存在を想定する、タレスなどのや
り方がありました。お茶漬けに必要なすべての成分を含む"お茶漬
けの素"のような発想です。第二が、万物を作ってくれる造物主を
想定する、**キリスト教**などのやり方でした。第三に、万物の理想で
あり、かつ原因であるようなモデルを想定する、プラトンの**イデア**
のようなやり方があります。砂鉄をのせた紙に磁石を近づけると、
砂鉄が磁気に引きつけられ、規則的な形を作るイメージです。

　近代になると、色などの性質、左右の関係など、目に見える現象
の背後に、性質や関係の基体・支持体となる**実体**や**存在**が想定され
ます。色のないツルツルのパチンコ玉のようなイメージです。ロッ
ク、また、俗流に理解されたカントの物自体がこれにあたります。

　一方、神や存在が「すべて」なら、自分自身も含めた万物がその
一部となります。スピノザや後期ハイデガーのやり方です。

　しかし、「**ミュンヒハウゼン・トリレンマ**」によれば、原因や根
拠を求めても、結局、無限後退か、循環か、独断にいたります。

　そこで、根拠を問うのではなく、全体の生成メカニズムを解明す
る方向へのシフトが考えられます。**複雑系**における**創発**は、もとも
と、その萌芽も設計図もなかった秩序が、自発的・自然発生的に自
己生成するメカニズムです。根拠も原因もなしに、万物がどう生ま
れるかを説明するやり方と言えるでしょう。

30秒でわかる！ポイント

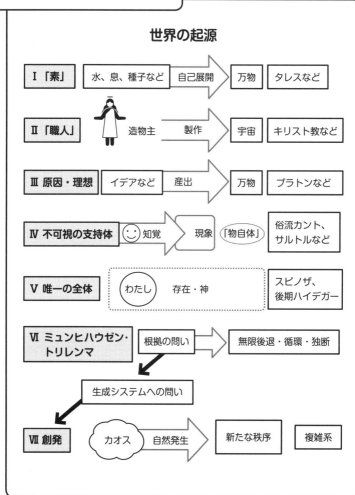

ワンポイント解説 ▶ ミュンヒハウゼン

ミュンヒハウゼンは、18世紀ドイツ『ほら吹き男爵の冒険』の主人公。自分が乗った枝の根元を切り、誤って落下するなど自己矛盾した行為を繰り返した。

```
10 hours
philosophy  17
哲学の
基本問題 I
```

▶ 03

真理

　どんな学問にとっても**真理**は重要です。ただし、物理学が自然、歴史学が過去について、「なにが真理か」をさぐるのに対して、哲学は「真理とはそもそもなにか」を問題にします。

　たとえば、まず、真理の**基準**が問題になります。「地球は青い」は地球を見なければ真偽がわかりませんが、「三角形は三つの角をもつ」は、三角形の実物に当たらなくても真とわかります。前者は、事実との合致を基準とする「**実証主義**」的真理であり、後者は、三角形の概念を分析すればえられる「**分析的真理**」です。

　科学では実証主義的真理が基本です。しかし、「すべてのカラスは黒い」と言っても、実際には有限個しか観察できないので、飛躍が含まれます。「真っ青な桃はない」は、「ないことの証拠はない」ので決定的に真ではありません。クワインによれば、科学的真理は、合意形成や情報共有の道具でした（「**プラグマティズム**」）。

　クワインの洞察の背後には「なぜひとは真理を問題にするのか」という問いがあります。ニーチェやフーコーはこの問いをさらに徹底しました。その結果、善悪が弱者の**ルサンチマン**から生まれるのと同様、真理も社会的力学によって作られることがわかります。サイードの**オリエンタリズム**批判に見られるように、真理については、その政治的機能こそが重要なのです。ひとが真理を欲するのは、それを用いて他人や社会を支配・制御し、あるいはそのための制度を設計できるからであるとすら言えます。「ペンは剣より強し」と言われます。真理は武器なのです。

30秒でわかる！ポイント

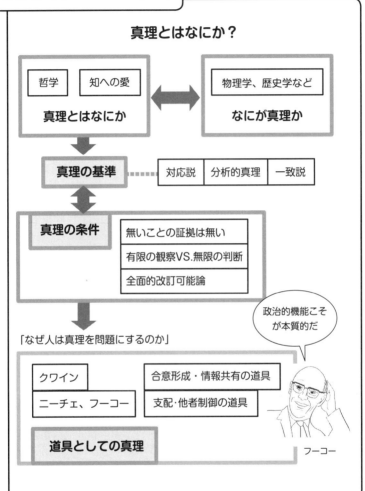

ワンポイント解説 ▶ 日本語の「真理」との違い

「真理の探究」など、日本語で「真理」は、世界や宇宙、人生の実相など、ほとんど宗教的な奥義が頭に浮かぶが、哲学の「真理」はある文・主張の正しさである。

10 hours	▶ 04
philosophy **17**	
哲学の	# 自由
基本問題 I	

　親や教師の指図はうっとうしいものです。強権的政府のもとでは、権力からの、資本主義における労働者は疎外からの自由が求められるでしょう。けれども、権力から自由になったからといって、そのあと一体なにをすればいいのでしょう。

　自由になったのだから、自分の**欲望**がおもむくままに好きなことをすればいいと言うかも知れません。しかし、食べたいときに食べ、寝たいときに寝るのでは、欲望の奴隷となるだけで、自由はむしろ失われます。

　カントは、自分の行動を自分で選ぶといった自律的人格を理想としました。基本的義務（「定言命法」）を外さない限り、実際、なにを行うかは各自の判断次第です。サルトルは、各自の「実存的決断」で自分の本質を決定すると考えましたが、そのとき、「ひとは自由の刑に処せられて」います。

　こうした、人間の自由を前提とした議論の対極に位置するのが、だれも選択の自由はもたないけれども、その行為は神によって決定されているのだから、むしろ喜ばしいという、スピノザの考えです。

　神による決定論は現実離れしているかもしれません。しかし、近代においてはだれもが現に、生の権力や性言説にがんじがらめにされています。そこで助けになるのがフーコーの**「生存の美学」**です。さまざまな権力や言説の筋にしたがえば、自分を縛る技術や技巧であってすら、自由自在に使いこなすことは可能です。その結果、新たな自分だけの方向が創発的に形を結ぶ道が開けるのです。

30秒でわかる! ポイント

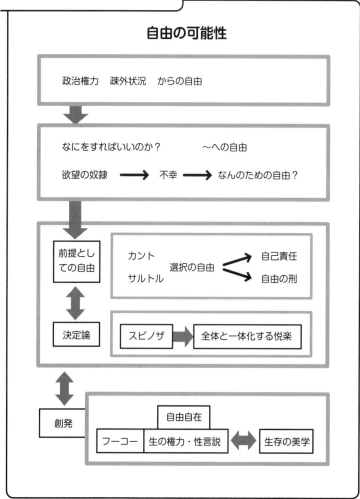

ワンポイント解説 ▶『古事記』の自由と「仏教」の自由

「自由」という語は『古事記』などにも登場するが、そこでは「我が儘放題」の意味だった。仏教で「自由」は心を空にして自我にとらわれない状態のことを指す。

10 hours
philosophy 17
哲学の
基本問題 I

▶ 05

身体の哲学

だれにとっても身体は、まさに「身近」な存在です。

ところが、古代・中世ヨーロッパで、肉体は性欲などの**欲望**、怒りなどの**感情**を生み、理性を妨害する要因、制御の対象でした。

近世哲学の幕をあけたデカルトにとっても身体は、コギトにとっての認識対象、制御されるべき機械にすぎません。そのデカルト哲学から生まれた**心身問題**は、ライルがカテゴリー錯誤による仮想問題として解消するまで哲学上の難問でした。

身体を肯定する哲学があらわれたのは、「理性は、知性にではな・・・・・・・・・・・く身体にある」と述べたニーチェにおいてのことでした。

身体の本当に具体的な分析はメルロ＝ポンティによって着手されます。状況に自発的に反応し、新たな技法を習得して、わたしが主体的に世界に住み着くことを可能にする**身体的実存**の構造をメルロ＝ポンティはあきらかにしたのでした。

ところが、身体的実存は両刃の剣でした。フーコーの**生権力**における**規格化・規律化**は、身体的実存の技法習得機能によって可能となり、規律化からフロイトの**超自我**が生まれます。バトラーによれば、**ジェンダー**も、身体のこの機能によって作られるのです。身体的実存は、「主体」という虚構を構築する回路でもありました。

ポスト・モダンにおいて身体は、臓器移植、治療のための人工的器具、セクシャリティやジェンダーの境界喪失によって「**サイボーグ化**」（ダナ・ハラウェイ）します。ここで問題になるのは、もはや身体ではなく、人体なのです。

30秒でわかる! ポイント

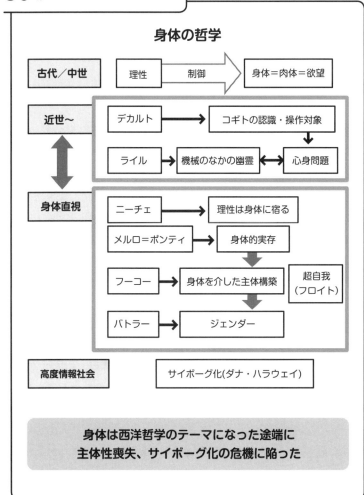

ワンポイント解説 ▸ 身体は精神より賢い

知性重視の伝統哲学転覆を企てたニーチェが身体を重視したのは当然の戦略だ。咀嚼など、複雑な過程を難なくおこなう身体は精神より賢いとニーチェは言う。

10 hours philosophy 18

**哲学の
基本問題Ⅱ**

▶ 01

善と美
倫理の諸学説

　世界的な脳外科医と自分の老母が救助を求めており、そのどちらかしか助けられないとします。脳外科医はこれからも多くの患者を救うことでしょう。だからといって、自分の母を見殺しにすることはひとの情に反します。人類全体の公益と人情が対立し、容易に解決できない「**モラルジレンマ**」の一例です。この難問に対して倫理の諸学説はどのように答えるのでしょうか。

　直観主義によれば、「嘘はつかない」「約束は守る」などの倫理的規範はいちいち説明しなくてもだれでも直観的に理解しています。しかし、直観主義は、規範同士の優劣をつけないため、公益と人情のどちらを選べばいいかという問題については無力です。

　ベンサムやミルの**功利主義**によれば「できるだけ多くのひとができるだけ幸福になるようにするべき」（「**最大多数の最大幸福**」）です。そこで、問題のケースでは迷いなく脳外科医を助けなければなりません。しかし、人情が一顧もされないのは不自然です。

　カントの**規範主義**における基本原則は、各人を対等な人格として尊重しあう点にあります。そのため、問題のケースでは、無条件に母親を見殺しにすることにはなりませんが、かといってどちらを選べばいいかが導かれるわけではありません。

　サルトルの**実存主義**によれば、二つの選択肢のどちらも不正でない限り、どちらを選ぶかは、結局、自分の実存的決断次第です。「親孝行者」か「公益重視の親不孝者」という自分のあり方を引き受けるわけです。

30秒でわかる！ポイント

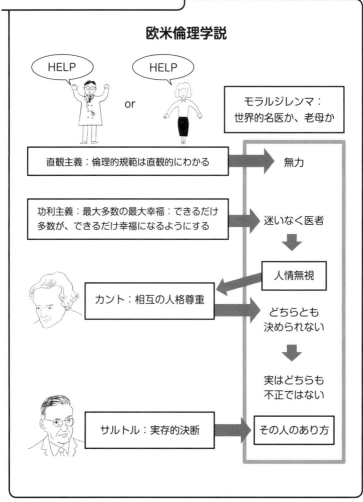

ワンポイント解説 ▶ モラルジレンマ

平家の全盛期、裏切者の後白河院を討とうとした父清盛に平重盛が言った「忠ならんと欲すれば孝ならず。孝ならんと欲すれば忠ならず」はモラルジレンマの典型例だ。

10 hours philosophy 18

哲学の
基本問題Ⅱ

▶ 02
「なぜ人を殺しては
いけないのか」

　1990年代のある時期、「なぜ人を殺してはいけないのか」という議論が盛んでした。当時、テレビの討論番組で、うまくその理由を説明できなかったある知識人が、「なにがなんでも絶対だめだ。理由はない」と叫んだことがあります。

　ところが、近代社会において殺人の禁止には、とりあえず理由があります。**社会契約論**においては相互不可侵の契約が結ばれるので、だれかを傷つけた者は罰せられます。だから、自分が殺されたくなければ相手を殺してはならないのです。カントの区別を使えば、これは無条件な定言命法ではなく、条件付きの仮言命法です。

　しかも、この禁則が有効なのは、相手と自分が同じ契約に参加しているときだけです。相手が動物だったり、あるいは、ナチスドイツにおけるユダヤ人だったりすれば、殺人についての禁則はもはや効力をもちません。

　殺人の禁止は、同じ契約、同じ共同体のメンバー同士でしか成り立ちません。そうだとすれば、殺人の禁止は、共同体の自己保存という、より大きな目的に使えるサブルールかもしれません。

　とはいえ、だれでも気づいたときにはつねにすでにどこかの共同体に帰属しています。「□高校生徒」「△大学学生」「○社社員」「日本人」などは、各自のアイデンティティの一部です。ところが、殺人を犯せば、こうした共同体からは排除されてしまいます。殺人によって失われるのは、わたし自身のアイデンティティなのです。「人を殺してもいい」と簡単に思えないのはそのためです。

30秒でわかる！ポイント

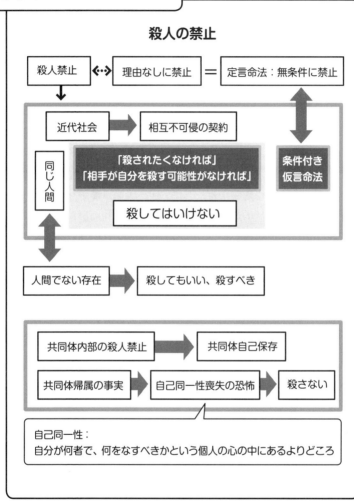

ワンポイント解説 ▶「殺人」へのためらい

多くの人が、事実、殺人をおこなわないのは「惻隠の情」（孟子）、「同情」（アダム・スミス）、「他人への憐れみの情」（ルソー）によると言えるかもしれない。

10 hours philosophy 18

哲学の基本問題 II

▶ 03

生命・環境倫理 近代倫理理論の 根底を見直す

臓器移植、化石燃料濫用など、技術が進歩すると、伝統的倫理理論の「応用」によっては解決できない、**生命・環境倫理**上の問題が登場します。応用とは、三角関数を用いて測量するように、理論を用いて現場の課題を解決することですが、生命・環境倫理の課題には、そもそも近代倫理理論の大前提があてはまらないからです。

たとえば、**環境倫理**では、天然資源枯渇、熱帯雨林消失や生物種減少などによる生態系劣化、廃棄物累積などが問題になります。ここで問題になっているのは、人間以外の生物や生態系、まだ生まれていない未来世代の所有権や生存権です。ところが、近代倫理理論は、「他人に危害を加えないのは、他人から危害を加えられたくないから」という**対等原理**を大前提としています。そのため、人間以外の存在やまだ生まれていない未来世代は、そもそも倫理的規範の圏外になってしまいます。未来世代が現在世代に危害を加えることはできないからです。

また、ロックやミルの考えでは、自分の身体は各自の所有物であり、また、「他人に危害を加えない限り、だれもが自由に自分の利益を追求できる」(「**愚行権**」)ので、場合によっては反社会勢力を利するような臓器売買も無制限に正当化されてしまいます。

こうした問題については、生態系などの生存権、存続権、未来世代との世代間倫理、資源は有限という地球全体主義などが提唱されていますが、それを近代倫理とどう折り合いをつけるかが問題なのです。

30秒でわかる！ポイント

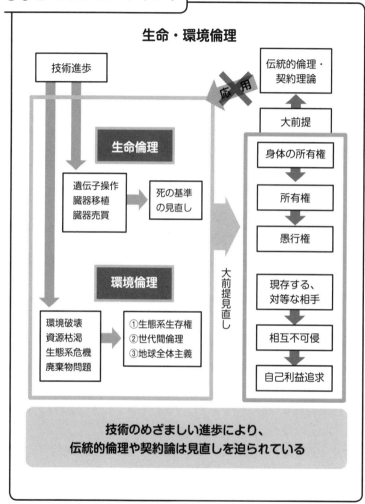

ワンポイント解説 ▶ 生命・環境倫理の問題点

未来世代のように、まだ存在せず、現在の自分に危害を加えようがなく、対等原理に乗ってこない相手をカバーするためにどのような理論が可能であるかが問題。

10 hours	
philosophy	**18**

▶ 04

哲学の
基本問題 II

美
アリストテレス、
カント、ヘーゲル

　絵画や音楽、男優や女優、満天の星など、世界は美しいものに満ちています。しかし、"美しい"とはどのようなことなのでしょう。

　プラトンにとって、絵画や悲劇は現実の模倣（「**ミメシス**」）にすぎませんが、美のエロスは善のイデアへの通路でした。美しいものに惹かれる人は、同時に、完全に憧れるからです。トマス・アクィナスにとって美は、超越的存在である神が放つ輝きでした。

　一方、古代ギリシアの均整の取れた神殿建築や彫刻が、彼らの合理的で清明な精神の**表現**であるように、ヘーゲルにとっての芸術は、その都度の時代・民族の精神を視覚化・表現したものです。

　以上に対して、芸術作品の表現形式に注目したのがカントの**形式主義**でした。カントにとって、絵画や音楽の美は、倫理・道徳や真理・認識など表現内容とは無関係です。通常、想像力は無秩序に陥りがちですが、音楽や絵画と接すると、日常を離れて自由に遊び、しかも無意味な混乱に陥りません。このような作品の構造・形式によってひとは美の快感を感じる、というわけです。

　カントの「形式主義」は、こうしてみると、実は観者との共同作業でした。ところが、すでにアリストテレスにも類似の着想があったのです。**悲劇**の観客は、自分より多少すぐれた登場人物に感情移入し、咎もないその者が災厄に襲われて没落する「どんでん返し（**ペリペテイア**）」に驚き、かつ同情し、人間の運命の儚さを悟る（**アナグノシス**）とともに、日頃は混濁した感情が洗われます（「**カタルシス**」）。悲劇の感動は、観客と作品の共同作業なのです。

210

30秒でわかる! ポイント

「美しい」とはどのようなことなのか？

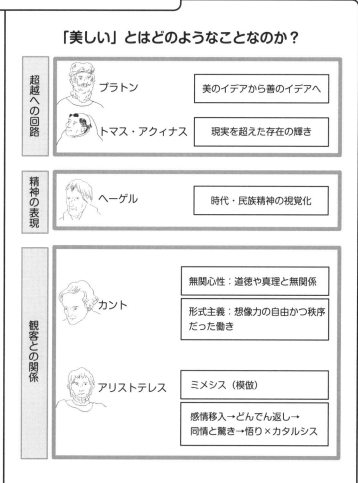

超越への回路
- プラトン：美のイデアから善のイデアへ
- トマス・アクィナス：現実を超えた存在の輝き

精神の表現
- ヘーゲル：時代・民族精神の視覚化

観客との関係
- カント
  - 無関心性：道徳や真理と無関係
  - 形式主義：想像力の自由かつ秩序だった働き
- アリストテレス
  - ミメシス（模倣）
  - 感情移入→どんでん返し→同情と驚き→悟り×カタルシス

ワンポイント解説 ▶ ヘーゲルの芸術観

ヘーゲルにとって、技術の巧拙に走り、民族・時代精神を表現しない絵画はもはや芸術の名に値しない。ルーベンスなど17世紀フランドル絵画がそれにあたった。

| 10 hours | **18** | ▶ 05 |
| philosophy | | |

哲学の
基本問題 II

芸術の成立と
空洞化

《ミロのヴィーナス》や《百済観音》のことを「**芸術**」とよぶことがありますが、それは誤りです。なぜなら、そもそも「芸術」という概念が生まれたのが18世紀だったからです。それまで、絵画制作や楽器演奏などは、パン焼きや御者、調理などとひとしい技術・職人仕事でした。バウムガルテンは『美学』（1750）という題の本を書きましたが、その内容は感性的認識の学です。

　それが「美しい技術」として特権化されるのは、フランスの僧侶シャルル・バトゥー『単一の原理に還元された美しい諸技術』（1746）以来のことでした。その後、カント（『美と崇高の感情性に関する考察』、1764）やヘーゲル（『美学』、19世紀）などが美や芸術についての理論を生みます。ブルボン王家の宮殿がルーヴル美術館として一般公開される（1801）など、芸術の**制度**化も進行しました。

　18世紀に概念、19世紀に理論と制度が生まれた芸術ですが、20世紀になると風向きが変わります。1917年、フランス出身のアーティスト、**マルセル・デュシャン**が市販の男性小便器に署名し、《泉》というタイトルをつけて展覧会に出品して以来、芸術作品を「精神の表現」など、実質的に定義することはできないという認識が定着したのです。アーサー・C・ダントーは、美術史家や学芸員、ジャーナリストからなる「**アートワールド**」によって認められたものが、内容とは無関係に「芸術」になるとし、ジョージ・ディッキーは「芸術」は美術館や大学など「**制度**」の産物としました。それは「なんでもあり」のコンテンポラリーアート状況が生まれた時期でした。

212

30秒でわかる！ポイント

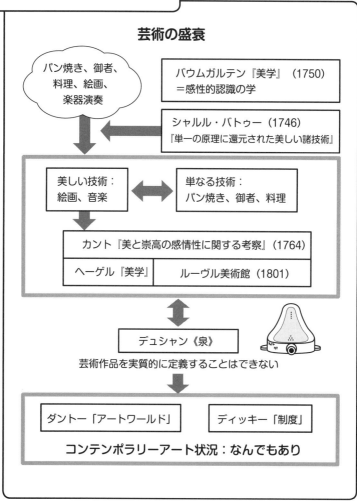

ワンポイント解説 ▶ 回顧的投影

《ミロのヴィーナス》を「芸術」とよぶなど、現在のカテゴリーを過去にあてはめて理解したつもりになり、その時代独特の構造を見逃してしまうことを回顧的投影とよぶ。

10 hours	**19**
philosophy	

日常を
哲学する

▶ 01

パースペクティ
ヴィズム

「日本人の劣化」と言われ、その根拠として「凶悪犯罪の増加」が
挙げられます。ところが近年の凶悪犯罪は、かりに多少増加してい
たとしても、もっとも多かった昭和20年代に比べればごくわずか
です。逆に、よく「昔は良かった」と言われますが、戦前の鉄道マ
ナーはひどいものだったそうです。「劣化」も美化も錯覚なのです。

　二つの錯覚は同じメカニズムから生まれました。直前に見えた一
瞬の光景が、あたかもずっと昔から存在する、不変の実体であった
かのように固定化するメカニズムです。それをニーチェは「**パース
ペクティヴィズム**」とよびました。「パースペクティブ」は「眺望」、
「イズム」は「アルコール中毒症（alcoholism）」などと同じく「取
り憑かれた状態」を意味します。「眺望固定病」と訳します。

　パースペクティヴィズムは、日常、いたるところに働いています。
演歌は「日本の心」と言われますが、それが生まれたのは昭和50
年頃でした。「伝統的な日本の家族制度」と言われるもののうち、
夫婦同姓は明治以降の制度、専業主婦は大正以降にすぎません。農
業・漁業・小売関係ではいまでも夫婦は共同経営者です。

「**伝統**」は創造されると、イギリスの歴史学者ホブズボームは言い
ました。ロンドン国会議事堂は19世紀の建築ですが、12 〜 15世紀
のゴチック様式が用いられています。イギリスにはそんな昔から民
主主義があったかのような錯覚をあえて生むための仕掛けです。
パースペクティヴィズムによる伝統の創造は**政治**の道具でもありま
す。

30秒でわかる! ポイント

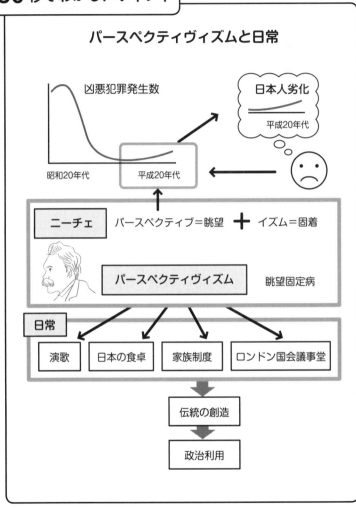

ワンポイント解説 ▶「伝統」ゆえに変化を拒む誤り

日常のパースペクティヴィズムを暴露することによって、なにかが「伝統」だからという理由で変化を拒む態度の誤りをあきらかにすることができる。

10 hours philosophy 19

日常を哲学する

▶ 02

国民国家 国民としてのアイデンティティ形成

ふだんスポーツ中継は見ないのに、オリンピックになると熱狂するひとは少なくありません。自分が住む町の住人や同じ高校の生徒が殺人事件を犯しても、怖いと思うだけですが、「日本人が罪を犯した」と言われると痛みを感じます。「日本人」としてのアイデンティティをもっているからです。

しかし、明治のはじめ、列島に住んでいた人々は、自分が「日本人」であるとは思っておらず、「会津藩士」「上州国定村住人」といったアイデンティティしかもっていませんでした。日本でも欧米諸国でも、**国民**はつい最近、人工的に形成されたのです。

ではどう形成されたのでしょう。学校や軍隊ではみな、標準語、また、国歌や国旗をたたき込まれます。日本と聞くと、細長い列島が思い浮かびますが、それを身につけるのが社会の授業や天気予報の放送です。パスポートや年金など社会保障も国民意識を強めます。

国民国家の原理は、「一民族・一文化・一言語・一国家」という理念です。同一言語、同一文化をもった日本民族が日本という国を作った、というわけです。しかし、列島に言語は8つあります。「日本**文化**」は、明治期にできた日本文学史や日本史、美術史などによって「創造された伝統」です。国民国家とは、一度も会うことのない「同胞」からなる、**想像の共同体**（ベネディクト・アンダーソン）にすぎません。

国民が形成されると、列島に住む全員が、「日本人」としてのアイデンティティをもちます。だからオリンピックに熱狂するのです。

30秒でわかる! ポイント

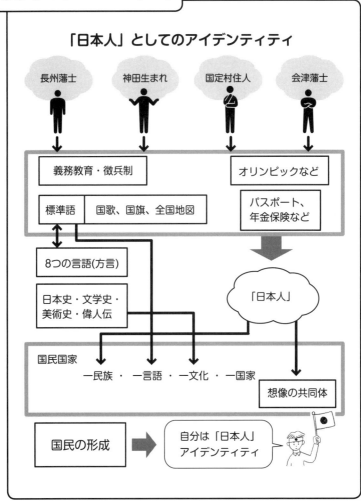

ワンポイント解説 ▶ 国民の形成

国民形成は19世紀、欧米で始まった。ドイツでは、儀式のたびに『第九』を演奏し、無名だったベートーヴェンを「国民的英雄」「国民統合の象徴」にまつりあげた。

10 hours philosophy 19 ▶ 03

日常を
哲学する

歴史の哲学

『古事記』など、個々の地域についての**歴史**は古代から各所にあります。ところが、「精神の自由が実現する過程」を歴史としたヘーゲル、また、マルクスなど19世紀ヨーロッパの**歴史哲学**は思弁的人類史でした。そのモデルは、天地創造から最後の審判までの人類史からなる『聖書』です。

　1813年、ベルリン大学に歴史学講座が置かれ、実証的**歴史学**が生まれます。ただ、自然科学と違い、歴史学はその場での観測ができず、20世紀には歴史学の、学問としての資格が問われました。ところが、「いま漱石が生まれた」と、漱石の母親がその場で言うことはできません。子どもの将来を知らないからです。歴史は、結果を知る後世の視点で書かれます。明治維新なら、その原因を説明するために、大政奉還という結果にいたる上で重要な事件だけを選び、江戸から明治への変化がなぜおこったのか、変化の原因を物語ります。歴史の**物語論**によれば、それが歴史学独自の認識です。

　とはいえ、「朝は雪で昼は好天」なのが「天気の変化」であるように、変化を記述するには変化の主体が必要です。そのため物語的歴史記述は自動的に変化主体を仮構します。歴史学誕生の19世紀は国民国家形成の時代でした。18世紀以前の「ドイツ史」は、「ドイツ」がまだなかった時代にその国があったかのような錯覚を生み、国民国家を正当化する装置です。

　実際、20世紀後半には、通時的変化主体を想定しない、フーコーや**アナール派**による**反-物語**的な歴史記述が登場しました。

30秒でわかる！ポイント

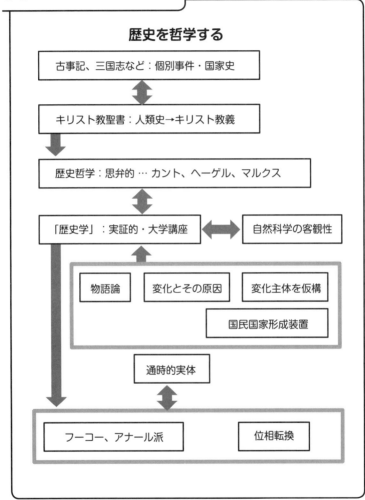

ワンポイント解説 ▶ 物語的歴史が作る国民国家「ドイツ」

「ドイツ人が作った国家」が国民国家「ドイツ」だが、ドイツ人が大量発生するのは19世紀なので、その前にドイツはない。なかったものを作るのが物語的歴史だ。

▶ 04

10 hours
philosophy **19**

日常を
哲学する

自分

　デカルトにとって、わたしが考え（コギト）、存在することは絶対確実でした。わたしのこの存在は他のなにかに依存しません。そのため、だれもが、自分の行為を自分で選択でき、身体・生命・財産はわたしの所有物です。過去の行為の責任を今とれるのは、わたしが生まれてから死ぬまで、過去・現在・未来を貫く**通時的自己同一性**をもつからです。こうした自我のあり方を根拠に、カントの**自律原理**やロックの**所有権**は、近代社会の根本原理となりました。

　ところが19世紀末以降、わたしについてのこの理解が虚構だったことがつぎつぎに判明します。だれもが、**無意識**に翻弄され（フロイト）、**身体**のおかげで自由に考えることができ（メルロ＝ポンティ）、**経済**機構によって意識のあり様が規定され（マルクス）、**生権力**によって構築され（フーコー）、その上、かけがえのない自分を求めても無駄でした（ハイデガー）。それどころか、ニーチェは自我そのものを否定し、仏教で自我は塵あくた（「**五蘊**」）です。

　それでは、そもそも、なぜ「わたし」の存在が問題になったのでしょう。それは、コギトを根拠に自律・所有原理を正当化する議論が転倒しているからです。実際には逆で、自律・所有原理がすでに社会の骨格として通用しているため、それが成り立つ前提として通時的自己同一性が要請されたというのが真相です。

　通時的自己同一性は、事実を記述する概念ではなく、理想を説く規範概念です。そこを見誤ると、いつまでも「わたし」の存在を追い求めることになります。

30秒でわかる！ポイント

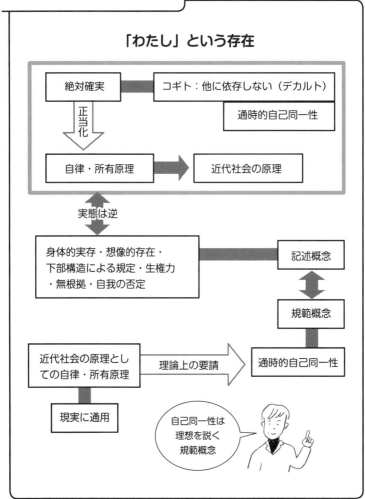

ワンポイント解説 ▶ 理想と現実を取り違える哲学者たち

歴史社会学者エリアスによれば、「自立的自律的自我」は哲学者が作った理想にすぎない。だが、哲学者はいつの間にか、理想を現実と取り違える傾向がある、という。

10 hours philosophy 19

▶ 05

生きる意味

日常を
哲学する

　藤子・F・不二雄『ミノタウロスの皿』は、未知の惑星に不時着した地球人飛行士の話です。その星で、人間そっくりのウス族は、牛の姿をしたズン類の家畜でした。「死後、肉として食べてもらうのが人生の目的です」とウスの美少女は言います。ズン類という、ウスにとって超越的な存在が彼らの人生の意味を決めるのです。

　経済成長の時代には、だれもが、より多くの富や名誉を目指しました。戦時下のヨーロッパで、母国防衛のために従軍するのは当然でした。超越的価値があれば、みな、人生の明白な**意味**をえられます。キリスト教の神も同じ役を果たすでしょう。

　しかし、「大きな物語」が失効したポスト・モダンに普遍的な超越的価値はありません。精神的な方向感喪失に陥るのも当然です。

　とはいえ、生きる意味や方向感を見失うのは、ひそかに普遍的価値を求めているからかもしれません。

「これこそ意味だと言えるものはない。だが、意味というものはある」とメルロ゠ポンティは言いました。その都度、自分が置かれた状況は、つねに応答を要求します。戦争で右腕を失ったあるピアニストは《左手のためのピアノ協奏曲》でコンサートをしました。腕を失ったのは偶然の不幸です。しかし、以後は、左手だけで生きるしかありません。実存は、偶然を必然に転換する装置です。

　一期一会の状況で意味は自発的に発生し、それを積み上げるのが**生存の美学**（フーコー）です。哲学は、なにがその人の意味かを教えることはできません。意味がどこにありうるかを教えるだけです。

30秒でわかる! ポイント

人生の意味

- 普遍的価値
- 第三者に明白
- 超越的存在：ズン類、神、祖国、進歩史観
- ポスト・モダン：なし
- 意味づけ

- 各自にとっての価値
- 内側の視線
- 生存の美学

- その都度の状況 ⇔ 対応
- 意味の見つかるかもしれない場所

哲学が教えてくれるのは、意味（自分の存在理由など）がどこにありうるかということだ

ワンポイント解説 ▶ パウル・ウィトゲンシュタイン

そのピアニストは、ウィトゲンシュタインの兄パウルである。高名なピアニストだったが、第一次世界大戦で右腕を失い、ラヴェルなどに自分のための作曲を依頼した。

▶ 01

10 hours
philosophy **20**

西洋哲学史
概観・再び

西洋哲学史を
ざっと復習

　哲学は、ソクラテスの知への渇望としてはじまりました。

　その弟子プラトンは、天上の**イデア**にすべての原理を求めました
が、ただちに、現実志向のアリストテレスから批判を浴びます。

　中世、哲学は「**神学の婢**」でした。イスラーム世界から輸入され
たアリストテレスとキリスト教の融合を試みたトマスは、神の本質
を存在のみとします。このことから個物の重視が帰結し、オッカム
はイデア、すなわちプラトンの顎髭を剃り落としたのでした。

　17世紀、デカルトが**主観／客観図式**によって哲学を仕切り直しま
す。直後の大陸合理論とイギリス経験論の対立はカントが調停し、
そのカントを批判するドイツ観念論は、伝統的哲学史の頂点とさえ
みなされます。そのすべてはデカルト図式を基盤にしたものでした。

　ところが、19世紀末、フロイトがデカルト図式、また、マルクス
やニーチェが西洋哲学全体を転覆します。

　20世紀になると、経験論を引き継ぐ英米言語分析、カントをふ
まえた現象学、言語学や文化人類学などから想をえた構造主義・ポ
スト構造主義という三つ巴の状況が生まれました。

　各陣営から、クワインのプラグマティズム、ウィトゲンシュタイ
ンの家族的類似、ハイデガーの存在論、サルトルの実存主義、メル
ロ＝ポンティの身体的実存、フーコーの権力論、また、ドゥルーズ、
レヴィナス、サイード、複雑系など、伝統哲学の自我中心主義、普
遍主義、本質主義、ヨーロッパ中心主義、基礎づけ主義などを転覆
し、デリダの脱構築を実現する**反哲学**があらわれます。

224

30秒でわかる！ポイント

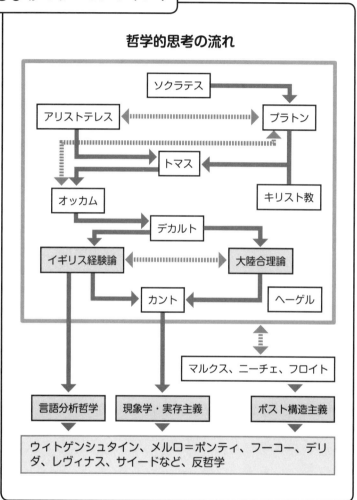

哲学的思考の流れ

- ソクラテス
- アリストテレス ⇔ プラトン
- トマス
- キリスト教
- オッカム
- デカルト
- イギリス経験論 ⇔ 大陸合理論
- カント
- ヘーゲル
- マルクス、ニーチェ、フロイト
- 言語分析哲学
- 現象学・実存主義
- ポスト構造主義
- ウィトゲンシュタイン、メルロ＝ポンティ、フーコー、デリダ、レヴィナス、サイードなど、反哲学

ワンポイント解説 ▶ プラトンの評価

20世紀の数理哲学者ホワイトヘッドは「西洋のすべての哲学はプラトン哲学の脚注にすぎない」と述べたが、ポパーによるとプラトンは全体主義の思想的起源でもある。

▶ 02

哲学的思考モデル 問い・時代・モデル の連動

10 hours
philosophy **20**

西洋哲学史
概観・再び

　なにかがどうしても欲しかったとします。はじめはそれをしゃにむに欲しがります。ところが、うまくいきません。すると、どうして手に入らないのか考えるでしょう。やがて、われに返り、どうして自分はそんなにそれが欲しかったのか考えるかもしれません。

　哲学も同じ道を辿りました。当初、プラトンらは「存在の原理はなにか」を問います。その答えが容易にえられないとわかったとき、カントをはじめ、近世近代哲学は「どのようにして知りうるのか」という認識論的問いにシフトしました。一方、ニーチェやフーコーなどは「なぜそんなことを知りたいのか」と問い、ニヒリズムや生権力など、問題発生のメカニズムをあきらかにしたのです。

　問いの変化と連動して三つの哲学的思考モデルが生まれました。ひとつは、すべての根拠を現実外部のイデアや神に求める**超越的根拠モデル**です。第二は、デカルトが確立した**主観／客観モデル**で、カントを経て、現象学や分析哲学に引き継がれました。第三の**全体システムモデル**は、巨大システムのなかで主体や存在者が生成するメカニズムをさぐるやり方です。スピノザやニーチェ、フーコー、ウィトゲンシュタイン、複雑系などが、全体システムモデルの例です。

　超越的根拠モデルでは、人間や現実を律する**理想**が、主観／客観モデルでは、自律・自立という理想が求められるのに対して、全体システムモデルでは、理想を求めたくなる人間の**現実**が、主として分析の対象になると言えます。

226

30秒でわかる！ポイント

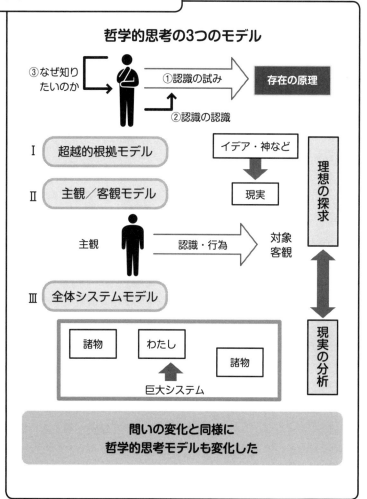

ワンポイント解説 ▶ 哲学的思考モデルの交錯

三つの哲学的思考モデルはそれぞれ古代・中世、近世・近代、現代にあたるが、歴史は複線的で逆行や反動もあり、中世モデルが復活してあらたな展開を生むこともある。

10 hours
philosophy **20**
西洋哲学史
概観・再び

▶ 03

哲学を
理解するとは？

　本を読んで、はじめは内容がよくわからなくても、使われている言葉の意味や問題設定を確かめ、議論を注意深く追えば、たいていなにを言っているのかはわかるものです。

　ところが、哲学の場合、いくら頑張っても、内容が頭に入ってこないことがあります。たとえば、社会契約論がなにを言っているのかわからない、オリエンタリズムのどこがいけないのかわからない、などです。

　このように、受け入れ難く、場合によって不快ですらある異物に遭遇したときこそ、**理解**を深め、自分を拡げる好機だとガダマーは言います。そういうときには、相手のことをさらに調べるより、むしろ、「なぜ自分にはそれがわからないのか」を振り返ることが大切です。契約論が呑み込めないのは、欧米契約社会に対する反感をひそかに抱いているからかもしれません。オリエンタリズム批判を聞いて頭が真っ白になるのは、心の底で欧米優位を信じているからかもしれません。こうした固定観念、ひそかな**偏見**があると、それがバリアになって、理解がブロックされてしまいます。

　異物は、自分の偏見に気づく好機です。自分の偏見に気づき、その偏見になぜ自分がこだわるかがわかったとき、新たな自分と出会い、**自己発見**することができます。その偏見に本当に根拠があるか省みれば、場合によって、その偏見を放棄し、「**自己否定**」する必要があるかもしれません。異物感は、自分の殻を破り、一回り大きく成長するチャンスなのです。

30秒でわかる! ポイント

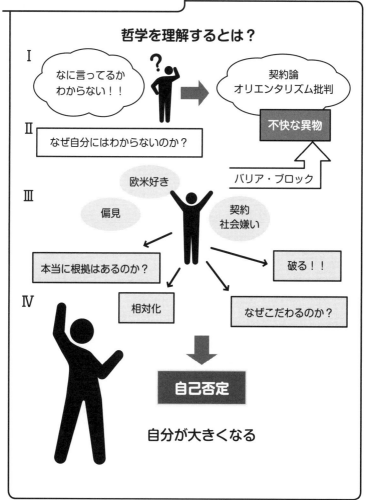

ワンポイント解説 ▶ ハンス・ゲオルク・ガダマー

ガダマー (1900～2002) はドイツの哲学者。聖書など、難解なテクストを解釈する古典解釈学から、理解・解釈の構造を解明し、過去と対話する哲学的解釈学を作った。

10 hours philosophy 20

西洋哲学史
概観・再び

▶ 04
24時間365日哲学

　哲学を身につけると、まわりの世界がそれまでとはまるで変わって見えます。

　複雑系が理解できると、エスカレーターでの人の立ち方から、町の盛衰まで、流れが生まれるメカニズムが見えてきます。

　パースペクティヴィズムを知れば、「男女同姓」「専業主婦」など、たった数十年前に生まれた制度を「伝統」と称する錯覚がどうして生まれるのか、理解できます。

　ナルシシズムの構造がわかれば、ファッションにこだわる人たちから、揮毫を配りたがる政治家の心理まで、一見バラバラな現象がつながっていることがわかります。

　死刑判決を巡る議論については、現象単体ではなく、社会全体を見て、諸社会を比較する**構造主義**分析が有用です。日本より死刑が少ない、あるいは、そもそもその制度がない国では、事件現場で犯人が射殺されます。ある社会で特定の現象が少なくても、別の現象によって補完されているのかもしれません。

　「人をだます」という悪い意味でも、「だましだまし使う」といういい意味でも使う「だます」の真の意味は**概念分析**によって、羞恥は自分にいたたまれなくなることだ、など、感情が人間にとってもつ意味は**現象学的分析**によって、それぞれ解明されます。

　「人は哲学を学べない。哲学することを学ぶことができるだけだ」とカントは言いました。哲学への扉はいたるところにあります。24時間365日、哲学に休みはありません。

30秒でわかる! ポイント

哲学の扉はいたる所にある

エスカレーター
町の盛衰

「専業主婦＝伝統」

複雑系

パースペクティヴィズム

ファッション
政治家の揮毫

構造分析

ナルシシズム

死刑
銃殺

概念分析

現象学的分析

24時間365日！！
哲学すること

20

西洋哲学史概観・再び

ワンポイント解説 ▶ 理想と現実

混迷した時代では、なにを理想にすればいいのか知りたくなる。理想を探すのも哲学
だ。だが、その前に現実を知らなければならない。その役に立つのが哲学的分析だ。

231

10 hours	
philosophy	**20**

**西洋哲学史
概観・再び**

▶ 05

いま・ここ・
わたしの哲学

　キリスト教会支配の社会において哲学は神学の婢でした。中産階級が力をつけると、その財産保護を目的とする契約論が生まれます。逆に、産業社会の弊害が顕在化すると個人の苦悩を重視する哲学が登場しました。時代の必要から哲学は生まれ、個々の哲学はけっして普遍的ではありません。逆に、いま・ここ・わたしにふさわしい哲学は、いま・ここ・わたし独特のものであるはずです。そして、それは誰か別のひとに作ってもらうわけにはいきません。

　にもかかわらず、400年前に生まれた契約論などが現在でも説得力をもつのは、それが近代法や科学の支柱で、そのため、だれもが知らないうちに自明な理として受け入れているからです。しかし、近代諸制度が失効しつつある現在、これまで自明だったことも再検討する必要があります。

　しかも、わたしたちは日本に生きています。日本には日本の身の処し方や対人関係の作法、物事を納得する仕方があり、わたしたちの血肉となっています。「イデア」「本質」より「当たり前」、「個人」より「ひとり」「けじめ」、「自己実現」より「身を立てる」などの言葉を使ったほうが柔軟かつ大胆にものを考えられるのです。「もったいない」は、全世界の環境運動を支える哲学になりました。

　いま・ここ・わたしの哲学を見いだすためには、古くからの切り分け方と、西洋という、二つの思考システムを摺り合わせなければなりません。それはワールド・フィロソフィーへの道でもあります。そして、それを実行するのは皆さん方、ご自身なのです。

232

30秒でわかる！ポイント

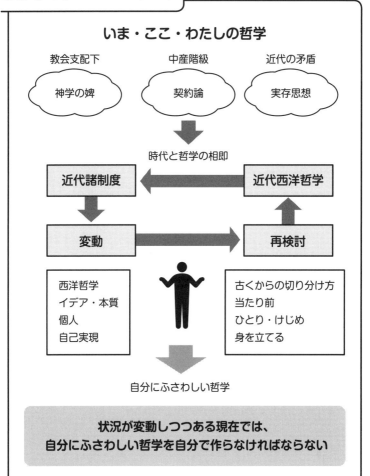

ワンポイント解説 ▶ 過去を学んでこその「いま・ここ・わたしの哲学」

いま・ここ・わたしの哲学を作るためには、逆説的だが過去の哲学を学ばなければならない。現在ある制度と思考様式のなかに過去の哲学は組み込まれているからだ。

おわりに

「中二病」という言い方があります。

14歳前後が、無闇に正義感が強くなる年頃だからこの名前なのでしょうか。大人になっても治らない患者もいるようです。

中二病の三段論法は次のようにまとめられます。

大前提「世の中には絶対の真理がある」
小前提「その真理を知っているのは自分だけである」
結論「ゆえに、みな自分の言うことを聞かなければならない」

だいたいの哲学者は中二病です。

*

1990年代前後に活躍した木田元という哲学者がいました。終戦後、戦地から帰国し、闇屋商売で食いつなぎながらハイデガーを勉強し、多くの名著と弟子を残した人です。その木田元につぎのような言葉があります。

「西欧哲学は奇妙な考え方の伝統だ」

*

ところが、困ったことに、哲学はないがしろにできません。

現在を生きるわたしたちの頭の中にも、心の中にも、また、周りの社会や諸制度にも、欧米哲学はひそかに息づいているからです。

もっと困ったことに哲学は難解です。

「体幹を鍛えるとカロリー消費があがる」という話とカントの話は大違いなのです。

　体幹の話にでてくるのは、ふつうの日本語です。理屈もわかります。ダイエットや健康に興味のあるひとなら、聞いて得した気にもなるでしょう。

　カントの場合、そうはいきません。使われている用語がまず、わかりません（たとえば「悟性」）。用語がわかっても、話の筋がわかりません（なぜ「概念がないと知覚できない」のか）。なぜそんなことを言い出すのか、問題設定がわかりません。最後に、そんな話が自分とどう関わるか、わかりません。

　本書では、用語や筋道、問題設定を徹底的にふつうの言葉で説明しました。またほぼかならず、身近な事例や疑問を説明の入口にしました。哲学が、日常と地続きであることをご実感いただければ幸いです。

　筆者はこれまで初心者向けの哲学史を三冊、執筆しました。『図説・標準哲学史』（新書館）、『哲学マップ』（ちくま新書）、『図解・雑学 哲学』（ナツメ社）です。本書を読んで、哲学をもっと知りたくなった方は、ぜひ手にとって頂ければと存じます。

著者

主な哲学者プロフィール

(通称のアイウエオ順)

アウレリウス・アウグスティヌス (354～430) 40ページ参照
キリスト教の教義を確立し、中世哲学のベースを作った哲学者だが、生没年からすると、「最後の古代哲学者」。北アフリカ出身でもとマニ教徒。聖人。主著『告白』『神の国』（岩波文庫）。

アリストテレス (前384～前322) 36ページ参照
マケドニア出身。プラトンの弟子。政治や自然、悲劇などについての著作もあり、その論理学は20世紀初頭まで標準とされた。『形而上学』『ニコマコス倫理学』『詩学』（岩波文庫）など。

ルートヴィヒ・ウィトゲンシュタイン (1889～1951) 124ページ参照
ウィーンに生まれ、イギリスで活躍。第一次世界大戦従軍中、塹壕の中で書いた『論理哲学論考』（岩波文庫）はウィーン学団に、遺稿『哲学探究』（岩波書店）は日常言語学派に影響を与えた。

オッカムのウィリアム (1285～1347) 46ページ参照
イングランド出身。後期中世哲学の代表者。「存在は必要なく増やしてはならない」という節約の原理、「オッカムの剃刀」で有名。参考文献：清水哲郎『オッカムの言語哲学』（勁草書房）。

ルドルフ・カルナップ (1891～1970) 120ページ参照
ドイツ、ヴッパタールに生まれ、ウィーン、シカゴで活躍。科学的知識や論理学の基礎を問う論理実証主義の代表者。『意味と必然性』（紀伊國屋書店）、『論理的構文論』（晃洋書房）など。

イマヌエル・カント (1724～1804) 74ページ以降（第6章）参照
北ドイツ、ケーニヒスベルク生まれ。理性など人間の能力の限界を批判的に検討し、倫理学、美学でも大きな影響がある。主著『純粋理性批判』『実践理性批判』『判断力批判』（岩波文庫）。

ジェームズ・ジェローム・ギブソン (1904～1979) 152ページ参照
オハイオ州生まれ、コーネル大学心理学教授。第二次世界大戦中はアメリカ陸軍航空部でパイロットの教育に携わる。アフォーダンスの提唱者。『生態学的視覚論』（サイエンス社）。

ゼーレン・キルケゴール (1813〜1855) 92ページ参照
コペンハーゲン生まれ。当時の代表的哲学者ヘーゲルを批判。各自の具体的現実的なあり方を追求する実存主義の先駆け。『不安の概念』(岩波文庫)、『死にいたる病』(白水社) など。

ウィラード・ヴァン・オーマン・クワイン (1908〜2000) 122ページ参照
オハイオ州で生まれ、ハーバード大学で教鞭をとる。『論理的観点から』(勁草書房) 所収の「経験主義の二つのドグマ」において、近世以来の経験論に潜んでいた独断をえぐり出した。

孔子 (前552〜前479) 172ページ参照
中国、春秋時代、魯国生まれ。徳による政治を理想として諸国を巡り、魯国などで仕官する。弟子は3000名におよぶとされ、その言行は『論語』などに伝えられている。史書『春秋』執筆。

エドワード・サイード (1935〜2003) 156ページ参照
エルサレム生まれのパレスチナ人。コロンビア大学で英文学と比較文学の教授。パレスチナ問題についても行動・発言した。『オリエンタリズム』(平凡社)、『文化と帝国主義』(みすず書房)。

ジャン=ポール・サルトル (1905〜1980) 114ページ参照
パリ生まれ。哲学、小説、戯曲など旺盛な執筆活動のほか、アルジェリアなど脱植民地運動に参加した。『実存主義とは何か』『存在と無』『弁証法的理性批判』『嘔吐』(人文書院) など。

フリードリヒ・シェリング (1775〜1854) 88ページ参照
ベルリン大学などで教授。テュービンゲン神学校ではヘーゲルやヘルダーリンと同室だった。ドイツ観念論の代表者だが、複雑系理論のヒントにもなった。『人間的自由の本質』(岩波文庫)。

アルトゥール・ショーペンハウアー (1788〜1860) 92ページ参照
北海に面したダンツィヒで生まれる。カントと古代インド思想にもとづく厭世哲学は『意志と表象としての世界』(中公クラシックス) で論じられるが、自殺を肯定する『自殺について』(岩波文庫) などで幅広い読者をもつ。

バールーフ・デ・スピノザ (1632〜1677) 64ページ参照
アムステルダムのユダヤ人家庭出身。ユダヤ教批判により破門・追放される。ボイルやホイヘンスなどとも交流があった。『エチカ』(中公クラシックス)、『神学・政治論』(光文社) など。

荘子 (生没年不詳)　174ページ参照
中国、戦国時代、宋国生まれ。「蝶が夢を見て自分になっているのではないか」という「胡蝶の夢」など日常を徹底的に相対化する。老子の後継者だが、儒家の影響も指摘される。『荘子』。

ソクラテス (前469頃〜前399)　30、32ページ参照
アテナイの職人階層出身。ペロポネソス戦争従軍。多くの弟子をもったが、若者を惑わす者として告訴され、死刑となる。著作はなく、弟子プラトンの著作からその考えがうかがえる。

フェルディナン・ド・ソシュール (1857〜1913)　130ページ参照
ジュネーブ生まれ。学生による講義ノート『一般言語学講義』(岩波書店)は、メルロ＝ポンティの現象学、レヴィ＝ストロースの構造主義、バルトなどの記号論に大きな影響を与えた。

ルネ・デカルト (1596〜1650)　56ページ参照
フランス中部の法服貴族を父とする。『方法序説』(岩波文庫)、『省察』(ちくま学芸文庫)など、その哲学は近代哲学の基盤であり、20世紀哲学はデカルトの克服から始めるのが常だった。

ジャック・デリダ (1930〜2004)　142ページ参照
アルジェリアのユダヤ系家庭出身。西洋哲学を解体する「脱構築」は、法学や文学などにも影響を与える。『エクリチュールと差異』『撒種』(法政大学出版)、『他の岬』(みすず書房)など。

ジル・ドゥルーズ (1925〜1995)　144ページ参照
パリ生まれ。ベルクソンなどの哲学者、プルーストなど文学、また、映画についての著作の傍ら、精神科医フェリックス・ガタリとの共著で『アンチ・オイディプス』(河出書房)などがある。

トマス・アクィナス (1225〜1274)　44ページ参照
南イタリアの貴族の家に生まれ、パリ大学などで活躍。それまでヨーロッパでは知られていなかったアリストテレス哲学とキリスト教を統合した。聖人。主著は『神学大全』(創文社)。

フリードリヒ・ニーチェ (1844〜1900)　102ページ参照
ライプチヒ近郊、牧師を父に生まれる。24歳でバーゼル大学古典学教授。『ツァラトゥストラはかく語りき』『力への意志』(ちくま学芸文庫)など、現代思想に大きな影響を与えた。

マルティン・ハイデガー (1889〜1976)　112ページ参照
南ドイツ、教会職員を父に生まれる。『存在と時間』(岩波文庫)は実存中心の哲学だったが、後期は「存在への問い」に「転回」する。『ヒューマニズムについて』(ちくま学芸文庫) など。

ブレーズ・パスカル (1623〜1662)　62ページ参照
フランス中部、徴税官を父に生まれる。数学、力学でも業績を残した。熱心なキリスト教徒で、デカルトを痛烈に批判。実存主義の先駆けともされる。『パンセ』(中公クラシックス)。

ロラン・バルト (1915〜1980)　136ページ参照
フランス、シェルブール生まれ。『零度のエクリチュール』『モードの体系』『恋愛のディスクール・断章』『明るい部屋 - 写真についての覚書』(みすず書房)、『神話作用』(現代思潮社)、など。

デイヴィッド・ヒューム (1711〜1776)　70ページ参照
エディンバラ出身。経験論の立場から知識が成立する過程を徹底的に分析し、極端な懐疑論にいたった。その著『英国史』は当時のベストセラー。主著『人間知性論』(法政大学出版局)。

ヨハン・ゴットリープ・フィヒテ (1762〜1814)　86ページ参照
ドレスデン近郊の農家の子として生まれる。カントの影響のもとに自我中心の体系を構築した、ドイツ観念論の代表的哲学者。『全知識学の基礎』、講演「ドイツ国民に告ぐ」など。

ミシェル・フーコー (1926〜1984)　138、140ページ参照
フランス、ポワティエ生まれ。理性的人格とされるヨーロッパ人を支配する構造・制度を、『狂気の歴史』『言葉と物』『監獄の誕生』『性の歴史Ⅰ』(新潮社) などによりえぐり出した。

エトムント・フッサール (1859〜1938)　110ページ参照
現チェコ領、ユダヤ系織物商を父に生まれる。論理的構造、諸物、世界、他人などが生成するメカニズムを取り出した。『イデーン』(みすず書房)、『デカルト的省察』(岩波文庫) など。

仏陀 (紀元前5世紀頃)　164ページ参照
シャーキムニ、釈迦。王族に生まれる。町の東門で老人、南門で病人、西門で死人にあい、生の苦を感じた後、北門で僧侶にあって出家を決意したという (「四門出遊」)。『ブッダの言葉』(岩波文庫)。

プラトン（前427〜前347）34ページ参照
アテナイ王族出身。ソクラテスの弟子、アリストテレスの師。イデア論は、キリスト教と結合し、西洋哲学の基本図式となる。『饗宴』『ソクラテスの弁明』『国家』『法律』（岩波文庫）など。

ジグムント・フロイト（1856〜1939）104ページ参照
ウィーンで活動した精神科医。ユダヤ系毛織物商の息子として生まれる。神経症の原因となる無意識の外傷を発見する精神分析を確立。『夢判断』『精神分析入門』（新潮文庫）など。

ゲオルク・ヴィルヘルム・フリードリヒ・ヘーゲル（1770〜1831）90ページ参照
シュトゥットガルトの公務員家庭に生まれる。ベートーヴェンとは同年生まれ。弁証法を武器にすべてを網羅する体系哲学を構築した。『精神現象学』『論理学』『美学講義』（作品社）など。

アンリ・ベルクソン（1859〜1941）106ページ参照
パリ生まれ、コレージュ・ド・フランス教授。国際連盟を舞台に公的にも活動。時間の空間化を批判し、生の哲学を主唱。『物質と記憶』（岩波文庫）、『創造的進化』（ちくま学芸文庫）など。

カール・マルクス（1818〜1883）100ページ参照
西ドイツで、ユダヤ系弁護士を父に生まれる。イギリスで活動。経済、歴史、価値についての理論は世界中の社会主義運動に影響を与える。エンゲルスとの共著『資本論』（筑摩書房）など。

モーリス・メルロ＝ポンティ（1908〜1961）116ページ参照
パリ大学教授。ソシュールやレヴィ＝ストロース、ラカンに早くから注目して現象学と構造主義を結合し、知覚と身体を緻密に分析した。『知覚の現象学』『幼児の対人関係』（みすず書房）。

ゴットフリート・ライプニッツ（1646〜1716）66ページ参照
ライプチヒ大学教授の息子。大陸合理論の哲学者だが、ロックと往復書簡があり、また、ニュートンと独立に微積分を考案した。『モナドロジー 形而上学叙説』（中公クラシックス）など。

ギルバート・ライル（1900〜1976）126ページ参照
オックスフォード大学教授。カルナップなど論理実証主義が、論理学など人工言語に注目したのに対して、日常言語分析によって哲学的問題の解消を図った。『心の概念』（みすず書房）。

ジャック・ラカン (1901～1981) 134ページ参照
フランスの精神科医。フロイトの精神分析に構造主義を適用した、ポスト構造主義の代表者。早くからメルロ＝ポンティに、またジジェクらに影響を与えた。『エクリ』(弘文堂) など。

ジャン＝フランソワ・リオタール (1924～1998) 148ページ参照
パリ近郊生まれ、アルジェリアで哲学教師の後、パリ大学教授。「大きな物語の死」を唱え、ポスト・モダン思想の代表者となる。『ポスト・モダンの条件』(水声社) など。

ジャン＝ジャック・ルソー (1712～1778) 72ページ参照
ジュネーブで時計師を父に生まれる。『社会契約論』などの政治哲学、『エミール』の教育論のほか、「むすんでひらいて」として知られる曲などを作曲。中江兆民などにも影響を与えた。

クロード・レヴィ＝ストロース (1908～2009) 132ページ参照
ブリュッセルでユダヤ系両親のもとに生まれる。コレージュ・ド・フランス教授。『親族の基本構造』(青弓社) で構造人類学を確立し、『野生の思考』(みすず書房) はベストセラー。

エマニュエル・レヴィナス (1906～1995) 146ページ参照
リトアニア生まれ。パリで活動。フッサール、ハイデガーに師事。ユダヤ思想を背景に、絶対的他者を基軸とする倫理学を展開。『全体性と無限』(岩波文庫)、『存在の彼方へ』(講談社) など。

老子 (生没年不詳) 174ページ参照
前6世紀の中国春秋時代楚国出身とされるが、実在を含めて諸説がある。無為自然がその思想の本旨。漢代に道教が成立する際、その神の一人として取り入れられた。『老子』(岩波文庫)。

ジョン・ロック (1632-1704) 68ページ参照
騎兵隊長を父にイギリスで生まれた。イギリス経験論、古典経済学の基礎を作り、社会契約説は名誉革命、アメリカ独立宣言の理論的支柱。『統治二論』『人間知性論』(岩波文庫) など。

さくいん

あ行

アートマン
................162・164
アートワールド...... 212
アーラヤ識........... 166
アウグスティヌス
.... 18・38・40・106
青木昆陽........180・188
悪...40・102・142・182
悪人正機説........... 182
アッラーフ........... 168
アナール派......193・218
アナグノシス........ 210
アフォーダンス...... 152
アプリオリ........53・78
アペイロン.............. 30
アリストテレス
18・20・28・36・38・
88・90・210・224
在りて在るもの........ 44
安藤昌益
.... 176・180・188
意志
...40・64・80・92・164
石田梅岩........180・188
イスラーム教...160・168
一念三千.............. 182
一切皆苦.............. 164
一般意志.............. 72
イデア
34・36・46・74・114・
142・196・210・224・
226・232
イデア界........... 34・46
イデオロギー........ 136
伊藤仁斎.............. 184
今
18・56・106・112・
130・220
意味
16・92・108・110・
124・130・132・136・
140・146・174・176・
194・214・222・228・
230
因果関係.............. 70
陰陽家.............. 176
ウィーン学団........ 118
ウィトゲンシュタイン
18・118・124・224・
226
宇宙の生きた鏡........ 66
ウパニシャッド
......20・160・162・164
永遠回帰.............. 102
永遠の真理........51・66
永遠の相のもとに...... 64
英米系言語分析哲学
.... 118
エス...........104・134
悦楽.............. 136
エディプスコンプレックス
.... 104
エピステーメ（認識体系）
.... 138
エピステモロジー
.... 97・128
縁起...........164・166
王権神授説.............. 72
欧米中心主義........ 132
王陽明.............. 178
大きな物語......148・222
大きな物語の死...... 148
荻生徂徠.............. 184
オッカムの剃刀
.... 46・126
オッカムのウィリアム
.... 18・38・46・118
オリエンタリズム
... 156・160・198・228

か行

懐疑.........56・58・60
懐疑論　70・74・78・84
外傷（トラウマ）... 104
概念
25・42・46・66・78・
128・130・198・212・
220
概念実在論.............. 42
概念分析........ 52・230
概念論.............. 42
貝原益軒.............. 188
顔.............. 146
科学
68・70・108・118・
120・122・198・232
科学哲学........118・128
格物致知.............. 178
革命
68・72・74・98・100・
128・144
革命権.............. 68
仮言命法........ 80・206
過去
14・64・66・90・106・
112・198・220
仮説　44・46・120・122
家族的類似......124・224
カタルシス.............. 210
価値
82・102・148・186・
222
渇愛.............. 164
カテゴリー錯誤
.................126・202
学校.............140・216
可能的状態（ディナミス）
.... 36
下部構造.............. 100
鎌倉新仏教
.... 20・180・182
神
40・42・44・46・52・
62・64・66・72・74・
76・92・98・102・114・
142・168・194・196・
200・210・222・224・
226
神の国.............. 40
神の死.............. 102
からごころ.............. 186
カルナップ
.................118・120・122
考える葦.............. 62
環境倫理.............. 208
関係
64・66・82・84・132・
134・138・144・146・
162・180・196

感情
… 172・202・210・230
カント
12・18・52・74・76・
78・80・82・84・86・
88・92・98・108・128・
138・146・148・194・
196・200・204・210・
212・220・224・226・
230
観念… 26・46・68・194
観念連合……………… 70
観念論
………86・88・90・193
気……………………… 178
義…………………… 172
機械のなかの幽霊… 126
幾何学………………… 62
幾何学の精神………… 62
規格化………140・202
規格化・規律化…… 202
器官なき身体……… 144
記号…… 96・130・136
記号論……………… 136
喜捨………………… 168
基準
34・52・102・120・198
機能…… 138・198・202
帰納法…………50・54
気晴らし……………… 62
規範主義…………… 204
ギブソン…………… 152
客観
………………58・60
尭舜三代………172・186
キリスト教
18・20・26・38・40・
98・102・114・196・
222・224
規律…………104・140
キルケゴール
……………18・92・114
近代化………………… 98
近代国家…………… 140
近代社会 58・206・220
空海………………… 182
空………………146・166

偶然
……96・116・154・222
偶然の真理………51・66
愚行権……………… 208
苦諦………………… 164
クルアーン………… 168
クワイン
… 118・122・198・224
軍隊…… 60・140・216
経験論
18・46・54・58・66・
70・74・84・118・224
経済
54・72・74・100・138・
144・148・156・160・
168・188・220・222
形式主義………172・210
形而上学
…… 52・76・142・146
芸術
74・82・84・88・90・
194・210・212
形相因………………… 36
啓蒙………50・54・80
契約
……………… 68・206
解脱…………162・166
決定論
25・44・64・65・200・
201
言語ゲーム………… 124
言語分析哲学… 18・108
原罪… 26・40・42・62
原子（アトム）……… 30
現実
34・36・42・46・56・
90・106・130・136・
142・164・194・210・
226
現実的状態（エネルゲイア）
…………………… 36
検証…………… 58・122
現象
16・64・70・72・98・
110・194・196・230
現象学
18・58・108・110・
116・224・226

現象学的還元……… 110
現象学的分析……… 230
現成公案…………… 182
現代思想…… 98・128
権利拡大運動……… 150
業（カルマ）……… 162
交換可能…………… 112
工業化………………… 98
合目的性……………… 82
孔子
170・172・174・176・
178
恒常的連結…………… 70
構成主義…………… 150
構造
86・92・100・106・
108・110・128・132・
134・138・154・202・
210・230
構造主義
18・108・128・130・
138・224・230・238・
240
構想力………………… 82
功利主義… 96・98・204
合理論（大陸合理論）
18・50・54・66・74・
84・224
五蘊…………164・220
コーラン…………… 168
古学………………… 184
コギト
51・56・58・60・62・
202・220
五行………………… 168
国学…… 180・186・187
国民…… 84・140・216
国民国家………216・218
古事記
…… 20・30・180・218
個人主義……………… 58
コスモポリタニズム… 28
悟性…………… 52・84
悟性概念（カテゴリー）
…………………… 78
理
… 170・178・184・232
古文辞学…………… 184

243

コペルニクス的転回… 78

さ行

サイード………156・224
最善観……………… 66
最大多数の最大幸福
……………… 96・204
最澄……………… 182
裁判……………… 58
サイボーグ化……… 202
さかしらな………… 186
作者の死………… 136
搾取……………… 100
作用因…………… 36
雑家……………… 176
サルトル
108・114・138・200・
204・224
三法印…………… 164
三方よし………… 188
シェーマL………… 134
シェリング
18・74・84・88・90・
106
ジェンダー……150・202
自我
46・70・74・84・86・
88・92・96・134・140・
164・166・174・180・
192・194・220・221・
224
時間
………… 62・106・194
事行……………… 86
四原因説………36・37
自己組織系……… 154
自己発見………… 228
自己否定………… 228
自己複製過程…… 154
示差……………… 130
示差の体系……… 130
事実の真理………51・66
自然
30・36・70・72・74・
76・82・84・88・89・
90・96・106・110・
118・122・136・142・
152・172・174・178・

184・186・188・198
自然科学
58・70・74・78・108・
118・218
自然権…………68・72
自然状態………68・72
自然的態度……… 110
自然に遷れ……… 72
自然の世………… 188
自然法………68・69・73
自然法則
……… 25・70・90・120
四端…………172・184
実証主義………118・198
実存
92・108・114・194・
222
実存主義
92・114・115・204・
224
実存的決断
……… 114・200・204
実体
51・64・70・130・144・
164・166・174・196・
214
質料因…………… 36
四諦八正道……164・165
使徒……………… 168
四徳…………174・175
シニフィアン…130・136
シニフィエ……130・136
自発的
… 116・196・202・222
死への存在……… 112
資本………100・144
資本家…………… 100
資本主義
54・74・96・100・144・
200
ジャイナ教……… 160
社会契約………… 72
社会契約説……… 72
社会契約論
…… 54・68・206・228
主意主義………… 40
自由
44・46・64・68・72・

76・80・82・84・86・
90・114・116・184・
194・200・208・210・
218・220
自由意志………… 64
縦横家…………… 176
習慣……………… 70
宗教
26・28・54・90・100・
160・172
修身斉家治国平天下
………………… 178
羞恥…………146・230
集諦……………… 164
儒学
170・172・180・184・
186
主観………58・60・192
主観／客観図式（モデル）
58・60・152・192・224
主観的普遍性……… 82
儒教…………20・178
朱子学
20・170・178・184・
186・188
純粋持続………… 106
純粋哲学………… 194
巡礼……………… 168
恕………………… 172
止揚……………… 90
常………………… 174
松果腺…………… 60
上下定分の理……… 184
小説家…………… 176
浄土宗…………… 182
上部構造………… 100
ショーペンハウアー
…… 18・92・162・164
諸行無常………… 164
諸子百家
…… 20・160・170・176
諸法無我………… 164
所有権…68・208・220
自律原理………… 220
仁………………… 172
神学の婢
…… 18・38・224・232
新カント派………… 108

信仰告白……………… 168
臣従体……………… 140
心身二元論
…………… 60・90・126
心身問題
……… 60・126・202
身体
16・32・56・60・108・
116・126・152・194・
202・208・220・240
身体所作…………… 140
身体の実存
……… 116・202・224
神道…… 20・162・180
人文主義者……… 51・54
親鸞……………… 182
真理
12・66・164・194・
198・210
神話 28・30・136・150
推譲……………… 188
水平化……………… 92
数学基礎論…… 96・108
崇高…… 82・148・212
枢軸時代…………… 160
杉田玄白…………… 188
スコラ哲学……… 26・38
スピノザ
18・64・88・196・200・
226
性…………………… 178
生活形式…………… 124
性言説………140・200
生権力… 202・220・226
生産する欲望……… 144
政治
28・100・172・176・
194・214
性質
42・64・152・194・196
精神分析………128・240
生存の美学……200・222
聖典…… 26・162・168
制度
150・198・212・214・
230
生の権力………140・200
生命・環境倫理…… 208

生命の跳躍
（エラン・ヴィタール）
…………………… 106
生老病死…………… 164
石門心学…………… 188
絶対確実
……… 56・58・60・220
絶対精神…………… 90
絶対的他者……108・146
絶対的同一者……… 88
善悪
………… 82・102・198
繊細な精神………… 62
善のイデア…… 34・210
全体意志…………… 72
全体システムモデル
…………………… 226
全体性……………… 146
線引き問題……… 52・68
全面的改定可能論
………………122・199
綜合定立…………… 90
荘子…… 170・174・176
想像の共同体……… 216
想像力
…… 82・84・148・210
創発………154・196
造物主… 34・196・197
疎外 96・98・100・200
即身成仏……166・182
ソクラテス
18・28・30・32・50・
52・98・224
ソシュール……128・130
祖道……………… 162
ソフィスト……… 24・28
ゾロアスター教
…………………… 20・160
存在
16・24・30・40・44・
58・60・64・66・74・
76・84・86・88・92・
100・102・110・112・
114・126・134・136・
162・164・180・194・
196・202・220・222・
224・226

存在 - 神 - 目的 - 始源論
…………………… 142
存在論………194・224
存心……………… 178

た行

大乗……………… 166
大乗仏教…………… 20
対等原理…………… 208
高野長英…………… 188
脱構築
124・128・142・148・
224
魂への配慮………… 32
ダルマ……………… 162
たをやめぶり……… 186
男根中心主義……… 142
断食……………… 168
単純観念…………… 68
単独者…………… 53・92
知性
52・78・84・90・192・
202
知の土台…………… 138
知への愛…………… 32
忠………………… 172
中間的存在………… 62
中観派…………… 166
超越的根拠モデル… 226
超自我… 104・134・202
超人……………… 102
直観主義…………… 204
直耕……………… 188
通時的自己同一性… 220
ツリー構造………… 144
定義……… 32・62・212
定言命法
……… 80・200・206
抵抗権……………… 68
定命……………… 168
定立……………… 90
デカルト
12・18・46・54・56・
58・60・62・74・88・
90・98・104・126・
146・202・220・224・
226
テクスト分析……… 128

245

デリダ
124・128・142・148・
160・224
デリダ的二項対立… 156
天使………………… 168
天地創造……… 40・218
伝統
152・208・214・216・
230
ドイツ観念論
18・53・58・74・84・
224
逃走線……………… 144
ドゥルーズ
… 106・128・144・224
道教………………… 170
道元………………… 182
道諦………………… 164
道徳
74・82・100・102・
162・166・172・178・
184・210
動物
………… 62・144・206
徳治………………… 172
特殊意志……………… 72
独断論……… 74・76・84
都市化……………… 84・98
トマス・アクィナス
……… 18・38・44・210

な行
内面化…………104・140
投げられた石………… 64
ナルシシズム…104・230
南都六宗…………… 182
ニーチェ
18・88・98・102・106・
128・198・202・214・
220・224・226
二項対立………142・160
日常言語学派…118・236
日蓮………………… 182
二道説……………… 162
二宮尊徳…………… 188
ニヒリズム（虚無主義）
………………102・226
二律背反……………… 76

人間
30・34・36・40・42・
44・46・62・64・66・
68・72・76・78・80・
84・92・98・100・128・
132・138・144・148・
162・178・180・186・
194・200・208・210・
222・226・230
人間学……………… 194
人間機械論…………… 60
人間中心主義……… 132
人間の死…………… 138
認識論… 152・194・226
認識論的問題設定・68
涅槃………… 164、166
涅槃経……………… 166
農家………… 64・176

は行
パースペクティヴィズム
………… 214・230・231
ハイデガー
92・108・112・114・
128・196・220・224
白紙（タブラ・ラサ）
………………………… 68
博物学……………… 138
パスカル……………… 62
母方のおじ………… 132
林羅山……………… 184
パラドックス………… 30
バルト……………… 136
犯罪捜査……… 58・124
反省………………… 68
判断力……………… 84
反定立……………… 90
般若波羅蜜………… 166
万物流転……………… 30
反－本質主義……… 124
反－物語…………… 218
パロール…………… 130
非科学
…… 68・70・120・121
美学… 194・212・236
悲劇…………210・236
必然
64・70・96・116・124・

180・222
ヒューム
………………18・70・74
表現
……62・186・210・212
表象… 53・85・92・156
平賀源内…………… 188
フィードバック・ループ
………………………… 154
フィヒテ
18・74・84・86・88・
90
フィロソフィア……… 16
フーコー
18・128・138・140・
198・200・202・218・
220・222・224・226
複合観念…………68・69
複雑系
88・128・154・196・
224・226・230
仏教
20・160・170・178・
180・182・220
フッサール
18・106・108・110・
128
仏性…………166・182
仏陀………………… 164
普遍
………………… 42・46
普遍的
24・42・46・146・148・
222・232
普遍論争………… 38・42
プラグマティズム
118・122・123・198・
224
プラトン
12・18・28・34・36・
46・90・98・114・116・
124・142・196・210・
224・226
ブラフマン（梵）
………………162・164
フロイト
18・96・104・128・
134・202・220・224

文化
‥‥‥‥ 20・28・78・156
プンクトゥム‥‥‥ 136
分析的真理‥‥‥‥ 198
分度‥‥‥‥‥‥ 188
兵家‥‥‥‥‥‥ 176
ヘーゲル
18・74・84・90・92・
98・108・128・210・
212・218
ペシミズム（厭世主義）
‥‥‥‥‥‥‥‥‥ 92
ペリペテイア‥‥‥ 210
ベルクソン‥‥ 98・106
偏見‥‥‥‥‥‥ 228
弁証法‥‥‥‥ 84・90
包囲光‥‥‥‥‥ 152
法家‥‥‥‥‥‥ 176
法然‥‥‥‥‥‥ 182
ホーリズム（全体論）
‥‥‥‥‥‥‥‥ 122
菩薩‥‥‥‥‥‥ 166
補助仮説‥‥‥‥‥ 122
ポスト構造主義
‥‥‥‥ 18・108・224
墨家‥‥‥‥‥‥ 176
本覚思想‥‥‥‥ 182
本質
24・42・44・85・114・
124・186・194・200・
224・232
本質主義
‥‥‥‥ 124・150・224
梵我一如‥‥‥‥ 162
汎神論‥‥‥‥‥‥ 64
ポスト・モダン
‥ 128・148・202・222
ポテンツ‥‥‥‥‥ 88

ま行
前野良沢‥‥‥‥‥ 188
真心‥‥‥‥‥172・186
ますらをぶり‥‥‥ 186
マルクス
18・98・100・128・
218・220・224
マルセル・デュシャン
‥‥‥‥‥‥‥‥ 212

道
174・186・200・226・
232
密教‥‥‥‥‥166・182
ミメシス‥‥‥210・211
ミュンヒハウゼン・トリ
レンマ‥‥‥‥192・196
未来
‥‥‥‥ 64・106・220
無‥‥‥‥‥‥‥ 112
無為‥‥‥‥‥‥ 174
無意識
‥‥98・104・220・240
無関心性‥‥‥‥‥ 82
無限責任‥‥‥‥ 146
無知の知‥‥‥ 32・52
無明‥‥‥‥‥‥ 164
無名‥‥‥‥‥‥ 174
無文字社会‥‥‥ 132
名家‥‥‥‥‥‥ 176
滅諦‥‥‥‥‥‥ 164
メルロ＝ポンティ
108・116・202・220・
222・224
目的因‥‥‥‥‥‥ 36
モダン（近代）
‥‥‥‥‥‥128・148
モナド‥‥‥‥‥‥ 66
物語論‥‥‥‥‥ 218
物自体‥‥‥ 78・80・196
もののあはれ‥‥‥ 186
モラルジレンマ‥‥ 204

や行
八百万の神‥‥‥‥ 180
山鹿素行‥‥‥‥ 184
山崎闇斎‥‥‥‥ 184
唯識派‥‥‥‥‥ 166
唯物史観‥‥‥‥ 100
唯名論‥‥‥‥ 42・46
有機的自然‥‥‥‥ 88
夢‥‥‥‥‥ 56・60
洋学‥‥‥‥‥‥ 188
陽明学‥‥‥‥‥ 178
ヨーロッパ中心主義
‥‥‥‥‥‥142・224
抑圧‥‥ 104・105・134

欲望
104・134・140・144・
178・184・200・202・
203
予定調和‥‥‥ 66・67
寄る辺なき存在‥‥ 134
四元素‥‥‥‥‥‥ 30

ら行
来世‥‥‥‥‥168・182
ライプニッツ
‥‥ 18・52・66・74
ライル‥ 118・126・202
ラカン‥‥‥128・134
ランガージュ‥‥‥ 130
蘭学‥‥‥‥180・188
ラング‥‥‥‥‥ 130
リオタール‥‥128・148
理解
62・100・196・204・
220・228・230
理気一元論‥‥‥ 178
理気二元論‥‥‥ 178
理性
25・54・76・84・142・
192・194・202
理性の真理‥‥‥ 51・66
理性批判
‥‥‥‥‥‥‥‥‥ 76
理想
34・36・72・80・90・
98・104・148・180・
196・200・220・226
理想自我‥‥‥‥ 104
リゾーム（根茎）‥ 144
理念論‥‥‥‥‥‥ 86
両義性‥‥‥‥ 96・116
輪廻‥‥‥‥‥162・164
ルサンチマン‥‥102・198
ルソー‥‥‥ 72・142
ルネサンス
‥‥ 18・38・54・138
礼‥‥‥‥‥‥‥ 172
礼拝‥‥‥‥‥‥ 168
レヴィ＝ストロース
‥‥18・128・132・138
レヴィナス
‥‥‥‥108・146・224

247

歴史
12・16・128・154・
186・194・218・240
歴史学
……16・128・198・218
歴史哲学……………　218
老子
……12・170・174・176
六信………………　168
六波羅蜜……………　166
ロゴス中心主義……　142
ロック
18・68・72・104・118・
196・208・220
論理学…　52・108・170
論理実証主義
……　52・68・118・120

わ行

割れ窓理論…………　154

哲学を学びたい人へ「はじめの一冊」

[1] 哲学とはどのような考え方か？
『哲学の基礎』山本 信（北樹出版）⇒ 03
『哲学マップ』貫 成人（ちくま新書）⇒ 04
『比較文明 新装版』伊東俊太郎（東京大学出版会）⇒ 05

[2]「哲学」のはじまり
『哲学の原風景』荻野弘之（NHK 出版）⇒ 01
『現代思想としてのギリシア哲学』古東哲明（ちくま学芸文庫）⇒ 02
『哲学の原点』天野正幸（左右社）⇒ 03
『プラトンとの哲学』納富信留（岩波新書）⇒ 04
『哲学の饗宴』荻野弘之（NHK 出版）⇒ 05

[3] 中世：神学の婢
『感じるスコラ哲学』山内志朗（慶應義塾大学出版会）⇒ 01
『アウグスティヌス』富松保文（NHK 出版）⇒ 02
『トマス・アクィナス』山本芳久（慶應義塾大学出版会）⇒ 04

[4] 自我の芽生え
『デカルト入門』小林道夫（ちくま新書）⇒ 02
『省察』デカルト（岩波文庫）⇒ 03
『パンセ』上中下巻 パスカル（岩波文庫）⇒ 05

[5] 理性の世紀：合理論と経験論
『スピノザの世界』上野 修（講談社現代新書）⇒ 01
『ライプニッツ』山内志朗（NHK 出版）⇒ 02
『英米哲学史講義』一ノ瀬正樹（ちくま学芸文庫）⇒ 03
『近代政治哲学：自然・主権・行政』國分功一郎（ちくま新書）⇒ 05

[6] 近代の前段階：カント
『カント入門』石川文康（ちくま新書）⇒ 02
『カント』貫 成人（青灯社）⇒ 03
『永遠平和のために』カント（光文社文庫）⇒ 05

[7] 近代哲学
『新しいヘーゲル』長谷川宏（講談社現代新書）⇒ 04
『読書について』ショーペンハウアー（岩波文庫）⇒ 05

[8] 近代の矛盾
『カール・マルクス』佐々木隆治（ちくま新書）⇒ 02
『ニーチェ』貫 成人（青灯社）⇒ 03
『夢判断』上下巻 フロイト（新潮文庫）⇒ 04
『笑い』ベルクソン（岩波文庫）⇒ 05

【9】20世紀哲学の三潮流Ⅰ
『真理の哲学』貫 成人（ちくま新書）⇒ 02
『ハイデガー』貫 成人（青灯社）⇒ 03
『実存主義とは何か』J-P.サルトル（人文書院）⇒ 04
『幼児の対人関係』メルロ＝ポンティ（みすず書房）⇒ 05

【10】20世紀哲学の三潮流Ⅱ
『科学の解釈学』野家啓一（講談社学術文庫）⇒ 03
『ウィトゲンシュタイン』飯田 隆（講談社）⇒ 04
『心の概念』Ｇ.ライル（みすず書房）⇒ 05

【11】20世紀哲学の三潮流Ⅲ
『ソシュールを読む』丸山圭三郎（講談社学術文庫）⇒ 02
『レヴィ＝ストロース入門』小田 亮（ちくま新書）⇒ 03
『ラカンの精神分析』新宮一成（講談社現代新書）⇒ 04
『ロラン・バルト』石川美子（中公新書）⇒ 05

【12】人間を作る構造
『フーコー』貫 成人（青灯社）⇒ 01
『デリダ』高橋哲哉（講談社）⇒ 03
『ドゥルーズ入門』檜垣立哉（ちくま新書）⇒ 04
『レヴィナス入門』熊野純彦（ちくま新書）⇒ 05

【13】ポスト・モダン
『ジェンダー・トラブル』ジュディス・バトラー（青土社）⇒ 02
『アフォーダンス入門』佐々木正人（講談社学術文庫）⇒ 03
『生命を捉えなおす』清水 博（中公新書）⇒ 04
『オリエンタリズム』上下巻 エドワード・W・サイード（平凡社ライブラリー）⇒ 05

【18】哲学の基本問題Ⅱ
『道徳哲学』Ｄ.Ｄ.ラファエル（紀伊國屋書店）⇒ 01
『美学への招待』佐々木健一（中公新書）⇒ 04
『現代アートの哲学』西村清和（産業図書）⇒ 05

【19】日常を哲学する
『歴史の哲学』貫 成人（勁草書房）⇒ 03
『じぶん・この不思議な存在』鷲田清一（講談社現代新書）⇒ 04
『哲学ってどんなこと？』トマス・ネーゲル（昭和堂）⇒ 05

本文デザイン：二ノ宮匡（ニクスインク）
図版：新田由起子（ムーブ）、辻井知（SOMEHOW）
イラスト：須山奈津希

〔著者紹介〕

貫　成人（ぬき　しげと）
専修大学文学部哲学科教授。
1956年鎌倉市生まれ。東京大学大学院人文科学研究科博士課程単位取得退学。1988年埼玉大学専任講師、90年助教授を経て2000年より現職。
1986−7年、1996−7年、2014−5年ドイツ在外研究。博士（文学）（東北大学 2005年）。舞踊学会理事、日本哲学会、日本現象学会編集委員。『哲学マップ』（ちくま新書）、『図説　標準哲学史』（新書館）など著書多数。

大学4年間の哲学が10時間でざっと学べる（検印省略）

2016年 9 月28日　第 1 刷発行
2016年12月20日　第 3 刷発行

著　者　貫　成人（ぬき　しげと）
発行者　川金　正法

発　行　株式会社KADOKAWA
　　　　〒102-8177　東京都千代田区富士見2-13-3
　　　　0570-002-301（カスタマーサポート・ナビダイヤル）
　　　　受付時間 9：00〜17：00（土日 祝日 年末年始を除く）
　　　　http://www.kadokawa.co.jp/

落丁・乱丁本はご面倒でも、下記KADOKAWA読者係にお送りください。
送料は小社負担でお取り替えいたします。
古書店で購入したものについては、お取り替えできません。
電話049-259-1100（9：00〜17：00／土日、祝日、年末年始を除く）
〒354-0041　埼玉県入間郡三芳町藤久保550-1

DTP／ニッタプリントサービス　印刷／暁印刷　製本／ＢＢＣ

©2016 Shigeto Nuki, Printed in Japan.
ISBN978-4-04-601449-8　C0010

本書の無断複製（コピー、スキャン、デジタル化等）並びに無断複製物の譲渡及び配信は、著作権法上での例外を除き禁じられています。また、本書を代行業者などの第三者に依頼して複製する行為は、たとえ個人や家庭内での利用であっても一切認められておりません。